嵐

ARASHI Chronicle 1999→2009

太陽出版

プロローグ

1999年9月15日（現地時間）、ハワイでのデビュー発表イベントでお披露目されて以来、今年2020年で21周年を迎える嵐。

その間、彼ら5人が歩いてきた道程は順風満帆とはほど遠い、まさに山あり谷ありの険しい道でした。

デビュー曲『A・RA・SHI』の大ヒットで一躍人気アイドルに上り詰めた嵐が、その後にあれほどの辛く厳しい時期を迎えることになるとは、彼ら自身を含め、誰も予想していなかったでしょう。

しかし嵐の5人は、アイドルとして直面した低迷期という苦しい状況からも決して逃げ出さず、メンバーの誰一人として心折れることなく、その後に迎える〝国民的アイドル嵐〟の時代へと駆け上がっていきました。

それも一重に、彼ら5人の固い絆と人知れぬ努力の賜物。

そして、そんな嵐を見守ってくれたファンの皆サンの応援のおかげでしょう。

残念ながら2020年12月31日をもって、嵐はいったん活動休止となりますが、活動休止という〝充電期間〟を終えた後、彼ら5人が再び『嵐』として集結し、活動再開するとき、果たしてどれほどパワーアップした嵐を見せてくれるのか。

今はそれを楽しみに、嵐の5人をこれからも見守り続けることにしましょう。

ご挨拶が遅くなりました。

スタッフ嵐です。

かつて我々スタッフ嵐は、テレビ界、音楽界、芸能界……といった、いわゆるギョーカイ関係のネットワークを駆使して、嵐と交流のある現場スタッフ、交友関係などに取材を敢行し、嵐の側近スタッフから集めた〝とっておきのエピソード〟を収録した『嵐エピソードＢＯＯＫ』を世に送り出してきました。

この本は、それらの『嵐エピソードＢＯＯＫ』に収録されていたエピソードの中から厳選して、当時の〝彼らの素顔〟がよくわかるエピソードを年代ごとにまとめて一冊にした〝メモリアルエピソードＢＯＯＫ〟です。

１９９９年のデビュー発表イベントから、２００９年の10周年まで――嵐デビューからの〝お宝エピソード〟がたっぷり詰まっています。

どのエピソードも〝当時の嵐〟がよくわかる貴重なエピソードばかり。

側近スタッフだからこそ知っている〝嵐5人の素顔〟が満載です。

２０２０年12月31日にやって来る〝活動休止〟まで、全力で私たちファンに見せてくれる彼らの雄姿とともに、デビューから10周年までの懐かしい〝あの頃の嵐〟の姿を、もう一度思い出していただければ幸いです――。

目次

ARASHI Chronicle 1999-2009

嵐 1999

『嵐』5人の誓い

～『デビュー発表イベント』エピソード～


「俺たちが……『嵐』？」

「そうみたい……でもなんか、うれしいんだけど、いきなりだよね？」

「俺なんか、みんなとほとんど顔合わせてないもんな……」

――相葉クン、松本クン、大野クンの3人は、ジャニー喜多川社長に呼ばれた顔合わせの日、キツネにつままれたような顔で、桜井クン（デビュー当時の表記は『桜井』でした）と二宮クンと立ち話をしていた。

「おはよう！　ニノ……『嵐』だから！」

「『嵐』だよね！」

「そう、『嵐』！」

正直なところ、5人とも――

「次にデビューするのは滝沢クンや翼クンじゃないの？」

――と思い込んでいた。

現に、『嵐』のデビューが発表されたあとの『東京ドーム』で行われた『特急・投球コンサート』でも、

「最後に……滝沢秀明！」

――エンディングのメンバー紹介で、トリで名前を呼ばれたのは、滝沢クンだった。

「まぁ『嵐』になったからといっても、今まで通り、『やったるJ』（1999年10月～2000年3月放送）には出るし、雑誌のインタビューコーナーで、〝Jr.の○○〟から〝『嵐』の○○〟に変わるだけだもんね！」

――ある意味、ノン気な松本クン。

でも最年長でダンスリーダーの大野クンは違った。

「確かにまだJr.と一緒の仕事があるかもしれないけど、『俺たちはユニットでデビューした』――っていう自覚がなきゃダメだぞ！」

「は、はい……」

――その迫力にタジタジの4人。

「みんなさ、Jr.に入った以上は、レコードデビューする日を夢見てきたんだし、その夢が叶ったんだからマジで頑張んないと！
ほとんどのメンバーがデビューできないでやめていくんだ！
その友だちや仲間たちの分も、俺たちは頑張って前に進もうぜ！」

――さすがに『KYO TO KYO』（1997年〜1998年に京都で行われた舞台）のミュージカルで、2年間舞台に上がっていた大野クン。

年齢もそうだけど、4人よりもちょっぴりオトナだね。

「そうだよね……〝Jr.に戻れる〟みたいな、甘い気持ちでいたらダメなんだよね！」

――『嵐』の中では、一番現場に慣れているハズの相葉クンも、どこかしら〝まだJr.にいる〟みたいな気分でいたのだ。

「これから何が待っているかわからないけど、もっとお互いに話し合って、『嵐』を『SMAP』みたいなグループにしていこうぜ！」

――うんうん、夢は大きいほうがいいもんね。

……と、そこに入ってきたジャニー喜多川社長。

「YOUたち、ハワイに行くからね！」

「ハ、ハワイに!?」

「ハワイで発表するから！　出発は来週よ！」

「ら、来週？」

「じゃあ頑張って～」

――それだけ言うと、まさに嵐のように、部屋を出ていってしまった。

「ハワイで発表会？」

「マジかよ……」

「どこのハワイかな？」

「ハワイのハワイでしょ！」

――話し合うどころか、そんな時間もまったくないまま発表イベントにのぞむことになった5人。

「どうしようか……」

「向こうにいったら少しは時間があるだろうし、そこで考えようよ！」

「そうだね！　だってハワイだもんね！」

――しかし、その考えが果てしなく甘かったということを、5人はハワイで思い知らされたのだった……。

ハワイ出発までの1週間、デビュー発表イベント後に、フジテレビのテレビCMで流れる『A・RA・SHI』のレコーディング、ポスター撮影を済ませ、ドタバタとハワイに向かった『嵐』の5人。

～ハワイ到着～


「いいよねぇ、夏休みも終わってるから日本人が少なくて！

ハロ～！　アロ～ハ～!!」

――外人さんを見ると、勝手に足がうずく（？）桜井クン。積極的に近づいていっては、何やら会話している。

「ところで、『発表イベント』っていつなの？」

「え～っと……15日（現地時間です）！」

「15日？」

「なんかまだ時間あるよね？」

「じゃあ買い物とか……マリンスポーツ！」

「ニノ、この前の旅行で、おこづかい使いきったばかりじゃんかよ！」

――みんなウキウキしてる！

「おいおい、お前ら何しにきたと思ってんだ！　これからレッスンだぞ！」

「レ、レッスン？」

「そうだよ！　遊びにきたワケじゃないんだから、しっかりと歌も踊りもマスターして、イベントにのぞまなきゃダメだって‼」

――発表イベントだけあって、ただでは帰してもらえない。

「よし！　みんなでマンションまでランニングだ！」

――レッスンと聞いて、いきなり元気になったのがこの男、大野クン。

みんなの宿舎になる事務所のマンションまで、荷物を持ってランニングすると言い出した。

「さあ、太陽に向かって走ろう！」

――ちなみに、『嵐』の5人がハワイに到着したのは……朝の8時だっての！

〜デビュー発表イベントの当日〜

「どうしよう……。やっぱキンチョーするね……」

マスコミ関係者が待ち受ける船上まで、パワーボートで乗りつける『嵐』。

そのパワーボートが停泊しているハーバーで、いよいよその時間を迎えようとしている5人。

「この船が走り出したら……もう始まっちゃうんだよね……」

——ちょっぴりセンチメンタルなセリフを口にする松本クン。

「そうだよ、もう降りられないんだから！」

——相葉クンもジッと海の上を見つめている。

「とりあえず、よろしくね！」

——照れ笑いを浮かべ、何を言っていいのかわからない桜井クンを、

「いえいえ、こちらこそア・ニ・キ♪」

——すっかり仲良くなった二宮クンが茶化す。

「……よし！　いよいよ船出だ！」

――最後を締めたのはこの人、大野クン。

「『嵐』、上陸！　気合でスゴいところ見せてやろうぜ！」

「おう!!」

――ボートのタラップを1段、1段のぼっていく5人。

タラップが上げられ、エンジンがかかる。

遠く海の上に浮かんでいるのは、5人の運命を決める船上発表会の客船。

「さあ、いくぞ！」

「『嵐』の船出だ！」

――みるみるうちに顔が紅潮し、心臓が高なる。

「あっ!」

「ど、どーしたの松本クン?」

「いや……その……」

「何だよ、忘れ物でもしたのかよ?」

「だからさ……俺たち『嵐』でしょ?」

「そうだよ!」

「『嵐』が来て高波が起こると、船が難破したりして……」

「いいかげんにしろ!」

——こうして、1999年9月15日(日本時間16日)、『嵐』の歴史は、松本クンのおやじギャグとともに始まった(……かもしれない)のだ!!

関ジャニからのエール！

～デビュー記念イベント『〝嵐〟大集会』エピソード～

1999年11月3日、記念すべきデビューとともに東京・国立代々木競技場敷地内特設テントで、『〝嵐〟大集会』という握手会を行った嵐。

当日、朝の7時半から握手会はスタートし、夕方までになんと8万人ものファンが集まった。

さらに5人は、東京に続いて、11月28日にも、『大阪ドーム』で『大集会』を開いた。

「ひょっとすると、東京と同じくらいの人が集まるかもしれない！」

「マジですか？」

事務所の人から、

「大阪の大集会にも8万人近いファンが駆けつけてくれるかもしれない」

――と聞かされたのは前日。

「また入れない人がいるとツラいから、今度はもっと早くからやりましょう！」

――大野クンのひと言で、なんと朝6時からのスタート。

「す、スゲェ! 何人いるんだ!」

――まだ真っ暗な午前4時すぎ。

『大阪ドーム』入りする嵐は、車の窓から、すでに人垣ができた会場の入り口を見ていた。

デビューから1ヵ月近く、嵐の人気はグングンと上昇するばかり。

さすがに大阪や関西、そして全国のファンが集まってくれるだけに、大阪ドームの周辺は、スタート2時間前から超ヒートアップしていた。

「おはようございま〜す!」

――控え室に入った5人は、さっそくメイクや衣装チェックして本番にのぞむ。

すると、

「あ、なんだ、この花!」

「すばるじゃん! 裕クンや信五クンのもあるよ!」

――『大阪ドーム』で握手会が開かれるとあって、関ジャニ(現『関ジャニ∞』)のメンバーが、

「ワシらの地元で、恥かかすワケにはいかんで!」

――と、たくさんの花や差し入れを贈ってくれたのだ。

「なんか、メッセージも入ってるよ。

『がんばれ『嵐』！　座長、しっかり!!』

……って、コレ裕クンからだよ！」

大野クンは関ジャニのメンバーとは、『KYO　TO　KYO』で大の仲良し。

もちろん他の４人も『やったるJ』などでおなじみだけど、特に大野クンにとってはうれしいメッセージだった。

「信五クンはお菓子の山盛りだけど、休憩もないのにどうやって食べるんだろ？」

――う～ん、言われてみれば……。

「すばるクンのメッセージもあるよ！

『がんばれおおのくん、さくらいくん、

あいばちゃん、まつじゅん、にの、あらし』

……って、あいつ、全部ひらがなじゃん！」

――すばるクンらしい、といえば、らしいメッセージだよね。

こうして、嵐の不安を吹き飛ばす（?）関ジャニのメンバーからのエールを受けて、いよいよ『嵐大集会』はスタート。

朝の6時から夕方4時まで、集まってくれたファンは東京と同じく8万人!

「8万人が2回で16万人でしょ?

握手する時間は3秒くらいですごく短かったけど、

それだけたくさんの人と会えるなんて、

普通じゃできないからうれしかった!」

――さすが、優しい相葉クンは、もっともっと、みんなと触れ合える時間が欲しかったのだ。

「でもさ、もし1人2秒だとしても、16万人で32万秒、32万秒ってことは5333分!

5333分が約89時間になるワケだから、だいたい3日と17時間も、

ず～っと手を握っていたことになるんだよね!」

――松本クン、妙なところで頑張って計算しちゃったりしてる。

「3日と17時間分か……」

――そのひと言を聞いて、何やら大野クンが考え込んでいる。

「どうしたの、リーダー?」

「さすがリーダーだけに、何かいいこと言ってくれるんでしょ?」

――期待する4人。

「いや……3日と17時間ってことは……」

「3日と17時間ってことは?」

「……ゴハンは12回くらい食べられるよね!」

「なんじゃそりゃ!」

こうしてデビュー記念イベント『〝嵐〟大集会』は大盛況のうちに幕を下ろしたのでした――。

『Vの嵐』での5人

～『嵐』初主演ドラマ『Vの嵐』撮影エピソード～

1999年11月3日に開幕した『バレーボールワールドカップ99』に合わせ、10月11日の月曜日から週に5回、10分ずつ放送された嵐の連続ミニドラマ『Vの嵐』（フジテレビ系）。

男子バレーボール部のないジッミ～な高校を舞台に、転校生の二宮クンを中心に繰り広げられる青春ドラマ。

最後はメンバーが、4人とはいえバレーボール部設立に向けて動き出すという内容だった。

ここでまず簡単な登場人物相関図からご紹介しよう。

二宮和也（二宮和也）……聖華学院2年に転校してきた高校生。

女子バレー部のキャプテンの相葉美和チャンに一目ボレし、女子バレー部のマネージャーに。

最初は桜井クンと仲が良かったが、やがて対立する。

松本潤（松本潤）……聖華学院2年生で女子バレーボール部のマネージャー。

バレーボールはからっきしだが、バレーおたくぶりを随所に披露（？）。

キレると怖いが弱気な性格。


大野智（大野智）……聖華学院2年生で女子バレーボール部のマネージャー。

いつも教科書や参考書を手放さず、早稲田大学の推薦を有利にするためにマネージャーを務める。


桜井翔（桜井翔　※デビュー当時は『桜井』という表記）……聖華学院2年生。

中学時代は有望なバレーボール選手だったが、試合中のアクシデントにショックを受け、バレーをやめる。

二宮クンをはじめ3人と常に対立するのは、バレーボールをもう一度やりたいがため？

相葉先輩（相葉雅紀）……聖華学院3年生で4人の先輩。

実は桜井クンがバレーをやめたのも、相葉先輩にケガをさせ再起不能にしたことから。

二宮クン、松本クン、大野クンのコーチを引き受け、やがて桜井クンもバレーの道に引き戻す。


相葉美和（北川弘美）……相葉先輩の妹で、聖華学院2年生。

女子バレー部のキャプテン。二宮クンの憧れの人。

桜井クンとは中学時代の同級生で……。

藤本豊（阿部寛）……聖華学院体育教師、
女子バレー部の監督。コワ～い人。

田端卓（高杉亘）……コンビニの店長。

みんなの良き相談役。

これらの登場人物で、前半は二宮クンと桜井クンの対立を中心に、やがてみんなのバレー部にかける情熱に、桜井クンの心も動かされていく——というストーリー。

なぜか毎回、バレーボールおたくの松本クンが、勝手にバレーボールのエピソードをしゃべりだすのは、ワールドカップらしい演出だったのかも⁉

『Vの嵐』の見せ場は、心に深い傷を負って自分の殻に閉じこもっちゃっている桜井クンと、転校先で青春まっしぐらに突き進んでいく二宮クンの対決シーン。

「僕らはバレーボールがウマいワケじゃないから、その分、お芝居で頑張んないとね」

「だったら笑わないでやってよ!

いっつもNGは桜井クンなんだから……」

仲の良い桜井クンと二宮クンだからこそ、迫真の対決シーンが撮れるんだけど、慣れるまではお互いに——

「もう一度言ってみろ！」

「うるせぇんだよ！　才能のねぇヤツは黙ってろ！」

「……（プッ）」

「……（プ、プッ）」

「はい、もう一度！」（↑監督さんの声）
「すいません……」

――と、NGの連発。

「まいっちゃうよね！　だってニノをにらみつけたりできないもん」

「僕だって桜井クンにジロッとにらみつけられても、ムカツクよりもつい笑っちゃうんだよね……」

――そりゃそうかもしれないよね。

「2人ともしっかりしろ！」（↑また監督さん）

「ごめんなさ～い！」

――次は2人ともNG出さないようにね。

「あ～セリフが多くてイヤだ！」

――と、台本を手に呟いていたのは松本クン。

「どうして？　そんなに量多くないじゃん。
だって10分ドラマだぜ」

――松本クンとツーショットのシーンが多かった大野クン。

「大野クンはいいよ！
なんだかいつもクールにキメてればいい役だから……。
でも僕って、必ずバレーボールうんちくひと口話みたいな長ゼリ（長いセリフのコトね）があるから、
ついついかんじゃうんだよね」

「覚え方にはコツがあるんだ！
特に松潤みたいに、〝間違っちゃいけない〟ってプレッシャーがかかると、
頭に入るものもますます入らなくなるだろ？」

さすがに2年間も舞台（1997年から1998年まで京都で行われた舞台『KYO TO KYO』のコトです）を経験してきただけあって、大野クンのセリフ覚えは完璧。

「まずはさ、深呼吸して……目をつぶって……台本のページを頭の中で思い浮かべる……で、頭の中に入っているのを確認してから、芝居に入るってワケだ。これならできそうだろ?」

「な、なるほど……うん、ありがとう大野クン!」

——で、その後に本番を迎えるのだけど……。

「はい! もう一度!!」(↑またまた監督さん)

——またまた松本クンのNG。

「……(ため息)コレで何回目?」

「6回目」

「え、そうだっけ……7回目じゃ……」

「自分で言うなよ! 誰が間違えてんだよ。セリフの覚え方を教えたばっかかじゃんか」

「うん……でもね、頭の中で思い浮かべようとすると……」

「すると?」

「さっきまで読んでた『はじめの一歩』(※マンガ)のシーンが浮かんじゃってさ……」

——さてさて、松本クンは最終回までに、何回NGを出したのでしょうか?

「で、僕はどうなるの？」

――心配そうにそう呟く相葉クン。

「だってさ、桜井クンとニノって毎回対立する見せ場があるし、松潤は〝バレーおたく〟っていう重要な役があるじゃん。大野クンもオイシイキャラクターでしょ？」

「自分だってそうじゃん、1人だけ先輩の役でさ」

「そ、そりゃそうだけど……」

「鬼コーチで僕たちのコト、しごいたじゃないの！」

――でも、なんとなく納得がいかない相葉クン。

「何か……足りないんだよね」

――いったいそれは何だったのだろうか？

「あ！　そ、そうか！」

「え？　わかったの」

「うん、あのさ……僕って最初の週（5回分）、ほとんど出てなかったよね」

「あぁ、でも最後のほうはメインじゃん」

「ビデオがね、もったいなかったんだよ」

「ビ、ビデオ？」

「そう、録画しといたの。

でもね、ほとんど映ってないんだよ……」


今では伝説となった嵐初主演ドラマ『Ｖの嵐』。

その舞台ウラでは、こんな5人の素顔があったんだね。

松潤の〝自分をアピール〟

～松本クン、デビュー直後のエピソード～

1999年11月3日、『A・RA・SHI』でデビューした嵐の5人。

「テレビを見ていると松本クンが一番喜んでいるように見えるよね！」

――という声が、当時、業界関係者から多く上がっていた。

5人で並んでいるとき、歌っているとき、一番楽しそうに身体で表現していたのが松本クンだった。

もちろん他のメンバーがそうじゃないってワケじゃないんだけど、松本クンが一番積極的に見えた。

そう、ファンの皆サンも当時はきっと思っていたはず。

「松本クン、楽しそうだなァ～」

――って。

「だって楽しいんだもん、仕方ないじゃない！」

――松本クンに〝どうして？〟って聞くと、きっとこんな答えが返ってくるに違いない。

もともと、中学生時代からブラウン管に出ていたということもあってか、松本クンのことを、いつまでも少年ぽいと感じてしまう関係者、ファンは多いだろう。

しかし、松本クンはこの1年足らずで、小学生から中学生の男の顔になり、

「夜中とかに骨がギシギシいってる」

――というくらいに背も伸び、久しぶりに現場で見かけたりすると、

「え？　い、いつの間にこんなに大人に……」

――と周囲を驚かせている。

「自分でも、Jr.の中にいたら、2番手3番手以下の地味な存在だと思うし、『嵐』の中でもっともっとアピールするためには、前に出ていかなきゃいけないんだ！」

――松本クンの力強い決意は、嵐の中で十二分に花開こうとしているのだ。

「どうして演技がちっともウマくならないんだろう……」

当時、松本クン本人は——

『自分は演技がヘタすぎる!』

——と悩んでいたらしい。

「なんか弱っちい役にはハマるんだけど、
〝男らしい役〟とか〝カッコイイ役〟はマジで似合わないんだよね。
その点、ニノは何本もドラマに出てるし、大野クンはもともとウマい。
桜井クンも、クールな役がピッタリ。
で、相葉クンと僕が……トントンかな?」

——嵐のメンバーを役者として見た場合、松本クンの自己分析はこうなるらしい。

「それでも相葉クンは〝主役のモテモテ男〟をやれるけど、僕って〝パシリ役〟ばっか……」

——デビュー当時の松本クンは自分のコトをこんな風に思っていたみたい。

今思えば意外だよね。

「先輩でやっぱりスゴいと思うのは、『SMAP』の全員と『TOKIO』の全員。

それに『KinKi』の剛クンの役なんか好きなんだよね」

――先輩たちのドラマは欠かさず見るという松本クン。

「SMAPサンなんて5人だけど、5人がそれぞれ主役のドラマをやっても、
すごくおもしろく見れると思うんだよね。

比べちゃいけないんだけど、『Vの嵐』を見ていると、僕がしゃべるとガクッとペースが落ちる。

だから演技はまだまだだけど、少し前にKinKiの剛クンと話したときに――

『グループで自分をどんどんアピールできるようになれば、他の仕事のときに必ず役立つ』

――って言われたんだよね。

だから僕も嵐の中で頑張って目立てるようになって、
ドラマとか映画とか1人の仕事が来たときに、

〝アイツの芝居っていいよね〟……って言われるようになりたいんだ!」

目立つコト、アピールするコトは、イコール向上心の表れ。

気持ちが優しくて、すぐに人にゆずる面が多かった松本クンが、こうして頑張ったことは、本人は
もちろんだけど、その後の嵐にとっても大いにプラスになったことは間違いない。

Jr.のみんな、ありがとう!

~『ジャニーズJr.特急投球コンサート』舞台ウラエピソード~

1999年10月9日の土曜日、数々の先輩たちが金字塔をうち立てた『東京ドーム』で、『ジャニーズJr.特急(10・9)投球(10・9)コンサート 10月9日東京ドームに大集合!!』が開催された。

滝沢秀明クン以下、120名にもおよぶジャニーズJr.が勢揃いし、満員のファンを魅了してくれたこのコンサートは、

「最後に……滝沢秀明!」

滝沢クンの120メートル空中宙吊りで大感動のフィナーレを迎えた。

もちろん嵐も、デビュー曲『A・RA・SHI』のお披露目をはじめとして大活躍だった。

嵐の5人も――

「なんかステージに立ってようやく、〝デビューするんだ〟って、実感が湧いてきたよ!」

――改めて気合いを入れ直したのだった。

コンサートが終わった直後、嵐や滝沢クン、今井翼クンなど、主要メンバーと身内の関係者のみが集まって、『東京ドーム』の大きな控え室で、簡単な打ち上げパーティーが行われた。

嵐は、といえば、各テレビ局やマスコミの出席者のもとを訪れ、

「今度デビューする『嵐』です。よろしくお願いします」

——と挨拶回り。

ひと通り挨拶を済ませた嵐に、担当マネージャーさんが「じゃあ、30分くらいしたら出るから」と告げ、ようやく解放。

相葉クンは——

「なんかこれまでは、先輩たちの打ち上げを遠くから見ているだけだったけど、自分たちが中心になると責任を感じるよね」

——と、ドッと汗をかいていた。

「ホント、何言われるかヒヤヒヤする」

——松本クンも気持ちは同じ。

「でも〝良かったよ〟って言われると、うれしいよね」

——二宮クンだけはプレッシャーがあまりないのか、早くもサンドウィッチをほおばったりしている。

……と、そこへ、

「おつかれ～い！」

「大変じゃんか」

――滝沢クンと翼クンの2人が嵐の5人に、ニコニコと話しかけてくれた。

「相葉クン、Jr.のコト忘れないでよ」

――滝沢クンがこう言って、相葉クンのコトをからかう。

「大野クンも大変だよね。リーダーって、プレッシャーかかりそうだし」

――当時、Jr.ナンバーワンのダンステクニックを誇っていた翼クンは、やはり踊りを通して大野クンを意識しているようだ。

「ホントにこの5人でデビューするなんて、なんか信じられないよ」

「えっ？　相葉クン、どういう意味？　僕はいらないってコト？」

「ち、違うよ！　決まってからが早い……ってコトじゃんか」

――特に仲の良い相葉クンと松本クンは、やはりトークの輪の中心になっていた。

「でもさ、こうしてみんなでワイワイできるのも、もう少しなんだね……」

――こんな盛り上がっている場をいきなり盛り下げた（？）のは、桜井クン。

「なんだよ桜井クン、寂しくて泣いちゃうんじゃないの?」

「そ、そんなワケないじゃん!」

――確かに桜井クンの言うとおり、これからはどうしても嵐の単独活動が増えていき、Jr.との番組共演は少なくなっていく。

やはり確実に嵐がJr.を旅立っていく日は近づいてきていたのだ……。

「それじゃ、最後に、Jr.のリーダー滝沢秀明から皆サンにお礼をひと言……」

――打ち上げもそろそろ終わりに近づき、締めの挨拶に滝沢クンが指名され、控え室は大きな拍手に包まれた。

「皆サン、今日は本当にありがとうございました!

僕たちジャニーズJr.は……」

――まずは関係者、そして出席者へのお礼から始まり、

「今後ともJr.を温かく見守ってください」

――という言葉が続いた。

嵐の5人も、出席者にまざり、滝沢クンの言葉に耳を傾けていた。

そして心の中で……

「僕たちも早く自分のコンサートができるようになって、滝沢クンのように挨拶がしたい……」

——と思ったそのとき、滝沢クンの口から……

「そして皆サンに、改めてご報告があります。

11月にデビューする『嵐』の5人を、ご紹介させていただきたいと思います」

「え？ き、聞いてないよ」

——ビックリする5人。

会場は、嵐に向けての大拍手。

「どうぞ、こちらへ……」

——マイクの所に嵐を呼ぶ滝沢クン。

「それじゃ1人ずつ、名前と自己紹介を」

「相葉雅紀です……」

「松本潤です……」

「二宮和也です……」

「大野智です……」

「桜井翔です……」

――いきなりみんなの前で挨拶をすることになり、心の準備（?）をしていなかったけど、何とか挨拶を済ませホッとする5人。

「僕より先にデビューしちゃう（※会場は大爆笑）『嵐』ですが、皆サンよろしくお願いします」

「よろしくお願いします!」

このとき、嵐の5人は心の中で――

「滝沢クン、ありがとう! Jr.を旅立っても頑張るからね!!」

――そう思っていたのでした。

「で、どうするのコレ?」

「どうしよう……」

「なんで1個しかないの?」

「フツー、5人なんだから5個あってもいいよな……」

「やっぱ、大野クンが持ってなよ」

――打ち上げが終わり、会場の隅のほうに集まった嵐の5人。

さっきまでの感動&拍手の嵐はどこへやら。

なにやら1個の物体を手に、5人がそれをなすりつけ合っているみたいだ。

「うん……うれしいコトはうれしいんだけど……」

「そうだよね、みんながサインしてくれたんだもんね」

滝沢クンの締めの挨拶の最後に、

「Jr.のみんなから、デビューする『嵐』へのプレゼントです」

――と渡されたのは、Jr.メンバーからのサインとメッセージが入った、1個のバレーボール。

「『ワールドカップ』のキャラクターにちなんで、Jr.から『嵐』へ、サインボールです」

確かにその場ではうれしかったものの、よくよく考えてみれば……

「5等分して持って帰るわけにはいかないもんね……」

——そのあとどうしていいのか困ってしまうシロモノ。

「どうしようか、ホントに……」

「1週間交代で持って帰るとか」

「ワールドカップの試合で使ってくれないかな」

「やっぱ、事務所に置いといてもらうのが一番いいんじゃない？」

「合宿所でもいいしね！」

——そう結論を出して、ジッとバレーボールを見つめる5人。

松本クンはこのとき、こう思ったのだという——。

「このバレーボールのように、強く、高く、どこまでも飛んでいきたい！」

その想いが天に届いたのか、嵐はバレーボールよりも、もっともっと強く、高く、遥かな空へと舞い上がるグループになった——。

嵐2000

相葉クンの涙のブルースハープ

～『嵐1stコンサート』エピソード～

２０００年の４月、『大阪城ホール』と『横浜アリーナ』でファーストコンサートを行った嵐。

そして８月13日からは、『名古屋レインボーホール』から『福岡サンパレス』、『大阪城ホール』、『横浜アリーナ』と規模も拡大してコンサートが行われ、まさにこの年の夏を締めくくる嵐が吹き荒れたのは間違いない。

さてさて、ここではひとつ『ファーストコンサートの舞台ウラ』のお話をしよう。

エネルギッシュで華麗にキメてくれたファーストコンサートのウラで、こんなエピソードが隠されていたなんて……。

まず、ファーストコンサートを残念ながら見ることができなかった方のために、中での見どころをひとつご紹介しよう。

大ヒット曲『A・RA・SHI』を筆頭に、このコンサートで嵐が披露してくれたのは全26曲。

そしてソロでの見せ場として、注目されたのは、なんといっても、5人が得意ジャンルをメチャメチャカッコよくキメてくれたパートだった。

大野クンが今までに見たこともないような華麗なダンスをキメてくれれば、松本クンが負けじとバック転、バック宙の連続技で対抗。

桜井クンがDJとピアノでそのセンスを発揮すれば、二宮クンはもちろん、ギターをかき鳴らし酔わせてくれた。

そして相葉クンのブルースハープに、観客は心を打たれる――。

まさに嵐一人一人が持てる力のすべてを精いっぱい見せつけてくれた、最高のコンサートだった。

「あれ？ 相葉チャン、どこ行ったの？」

4月30日、最後の最後、6回目のステージが始まる直前、なぜか控室から、相葉クンの姿が消えていた。

「トイレでも行ってるんじゃない？」

――本当の最終公演で気合いと緊張が入り混じっていたメンバーは、みんながみんな自分の世界に没頭していたので、周りが見えない典型的な状態。

「すぐに帰ってくるよ！」

――ギターの練習をしながら、二宮クンは無関心を装っていたが、それが逆に不自然すぎる。

そう、二宮クンだけは相葉クンがナゼここにいないのか……の理由を知っていたからだ。

控室でそんな会話が交わされていた頃、相葉クンは1人、トイレの個室に腰を下ろしていた。

といっても、もちろん用を足していたワケじゃない。

「翔クンのピアノやニノのギターには負けたくない！」

――という一心で、ハーモニカの練習を続けていたのだ。

「大野クンや松潤のダンスは、ボクだって振りの中に見せ場があるから気にならない！ でもピアノやギターのような楽器には、こっちも負けられないからね!!」

相葉クンがここまでこだわるのは、実はあるコンサートスタッフの、心ないひと言が引っかかっていたのだ。

それは……

「ピアノやギターに比べると、ハーモニカって上手いか下手かがわかりづらいよね〜」

——というひと言。

このスタッフも特に相葉クンの腕前を意識して言ったのではないだろう。

けど、このセリフを聞いて、

「ふざけんな！　だったらハーモニカで、みんなを感動させてやるぜ‼」

——と奮い立たなきゃ、男じゃない。

「相葉クン、頑張んなよ！」

「もちろん！　絶対ヤッてやる‼」

——同じ現場でそのセリフを聞いた二宮クンも、ギター好きであるがゆえにこの気持ちがよくわかる。

だからこそ、

「相葉チャン、どこ行ったの？」

——と、大野クンが探していたときに、心の中で……

「相葉クン、頑張っているんだろうな……」

――と声援を送りながら、相葉クンの気持ちを想って、

「すぐに帰ってくるよ！」

――なんて無関心を装っていたのだ。

「よし！　これならなんとか……形にはなるな！」

――自分の空き時間ができると、すべてをハーモニカの練習に費やしてきた相葉クン。

「ただなあ……自分で吹きながら聞いてるのと、みんなが聞く音じゃビミョーに違うかもしれないし……」

――常にそんな不安を抱えてはいたが、

「これだけ練習したんだ！　自信を持って吹くっきゃないね！」

――ハーモニカにかかりっきりの時間と積み重ねこそが、相葉クンに胸を張らせたのだ。

「みんな聞いてくれるかな？　みんな喜んでくれるかな？」

ステージでハーモニカを吹きながら――

「みんなに聞いてもらいたい！　聞かせたい‼」

――ということだけを願い、相葉クンはハーモニカに自分の想いと命を託す。

演奏が終わるとともに大きな拍手と声援が押し寄せ、誰よりも届けたかった皆サンへのメッセージが、しっかりと受け取られたことを全身で感じた。

「足が震えた！　胸が震えた！」

ハーモニカを吹き終えたとき、相葉クンは――

「『嵐』の一員として、このステージに立てたことを、ホントに誇りに思う！」

――知らず知らずのうちに、熱いものが頬を伝わっていた。

コンサートが終わり、簡単な打ち上げが行われているとき、二宮クンがコッソリと相葉クンの耳元で囁いた。

「良かったじゃん！　ハーモニカもいいよね！」

――見事にやりとげた満足感で、相葉クンは二宮クンに言う。

「あんな小さな楽器で、満員のお客さんを喜ばすことができるなんて、今まで想像もしなかったよ！」

――そう。楽器は音の大きさや見た目ではないのだ。

扱う人の気持ちがいかにこもっているか……それが聞く者を感動させるのだ。

「おつかれさま！」

――と、そこへ、例の『ハーモニカは……』発言をしたスタッフがやって来たではないか。

「ちくしょう！　今度はなんて言われるんだろう……」

――一瞬、身構える相葉クン。

しかしスタッフの口から出たひと言に、相葉クンはポロポロと大粒の涙をこぼす。

「良かったよ！　マジでカッコ良かったよ！」

「ホントですか？」

「うん！　今までいろんなコンサートをやってきたけど、ハーモニカをあんなにカッコ良く吹けるのは相葉だけだよ！」

「ありがとうございます！」

「また一緒にやろうね！」

「は、ハイ!!」


――わだかまりが涙とともに流れ落ち、相葉クンは素直にお礼を言った。


『嵐』になって半年目。

ファーストコンサートをやりとげた相葉クンは、この日、確かに新しい手応えをつかみ取ったのだ――。

桜井クン〝学食〟で大パニック

～桜井クン、大学生活エピソード～

2000年4月から慶應義塾大学経済学部の1年生になった桜井クン。

「いろいろとメンバーには迷惑をかけてるけど、できるだけ学校に行きたいんだ」

スーパーアイドルとスーパー大学生を両立させるのはあまりにも大変！

でも、

「翔クンならできるよ!!」

――という嵐のメンバーの理解と協力で、桜井クンは大学生活をエンジョイしていたのだという。

「学校で勉強したコトを嵐でも活かしたい！　それがみんなへの恩返し」

――こんな強い想いがあったからこそ、2004年3月、無事に卒業できたんだね。

　さてさて、大学入学した当時――

「学食、行ってみたいんだよね」

　大学生になった桜井クンの楽しみのひとつに、〝学食（学生食堂）〟の存在があった。

「結構みんな外で食べたりもするだろうし、食べるのに夢中で気づかないよ、きっと」

――それを聞いた友だちが、

「ヤバイんじゃない？」

――と、止めるのを振り切り、

「平気、平気！」

――と軽い気持ちで学食に向かった桜井クン。

「ふ～ん、意外に種類が多いんだなぁ」

――などと感心しながら、堂々と『本日のA定食』を注文した。

「ここ空いてるぜ」

――学食に来たというだけで喜んでいた桜井クンは、かなり無防備に席に座っちゃった。

しかし友だちのほうは……

「翔、みんなこっち見てるぜ……」

「見てないよ」

「〝『嵐』だ！『嵐』だ〟って言ってるよ」

――と口々に心配している。

ホントに大丈夫なの？ 桜井クン。

桜井クンと一緒にいるコトで視線を感じまくっている友だちのほうは、ほとんど食事を口にできないほど緊張しているのに、桜井クンは、といえば……

「ウマいっ！ 毎日ここで食おうかな」

――な～んて、のんきなセリフを口にする。

「どうしたんだよ、食べないの？」

「食べてらんないよ、気になっちゃって……」

「何が？」

――ここにきて、ようやく自分の立場を理解した桜井クン。

「あ、あれ？」

学食の、桜井クンたちが座ったテーブルのまわりは満席なのに、少し離れた所はガラガラ。

まわりの男のコも女のコも、桜井クンが食べる姿をジーッと見つめ、異様な雰囲気が漂っている。

「あのコが嵐のコだよ」

「カワイイじゃん、リスみたい！」

「細いよねぇ～！　あれでよくあんなに踊れるねぇ～」

「サインしてくれるかなぁ？」

――我に返った桜井クンの耳には、まるでスピーカーの音のように周囲の会話が聞こえ始めた。

「あ！　食べてる」

「アイドルも定食を食べるんだ」

「何か残すかな？　嫌いな食べ物ってなんだろう」

――学食中から視線を感じ、さすがにもう、のんびりと食事ができる状況ではなさそうだ。

「……外出る？」

桜井クンよりもプレッシャーを感じていた友だちは、桜井クンを急かすように席を立つ。

……と、そのとき！

桜井クンたちのグループを観察していた周囲の女子学生の1人が、いきなり近寄ってきて、

「コレ、ください！」

――桜井クンが使っていたわりばしを、強引に奪おうとするではないか!?

「う、うわっ！」

――その1人の行動が、まるでダイナマイトに火をつけたかのように周囲を動かし、

「私にも！」

「俺にもくれよ！」

「翔クンの残りモノ食べたい‼」

――ドーッと、押し寄せてくるではないか。

「ヤバイっ！　逃げるぞ‼」

――まさに一瞬にして起こった大パニック！

桜井クンと友だちは、命からがら（？）学食から逃げ出したのだった。

〜そして、次の日〜


「翔、今日の昼メシどうする？」

「いや……俺はいいや」

「どうして？　外に出れば平気じゃん」

「実は……」

——桜井クンが恥ずかしそうにカバンから出したモノ、それは……

「お、おにぎり!?」

——そう、手作りのお弁当だったのだ。

「家で昨日のコトを話したら、作ってくれて……。

コレ、次の教室でこっそり食べるから」


今は懐かしい、大学生時代の桜井クンのエピソード——。

果たして桜井クンは卒業までに、憧れの学食で、夢の〝学食メニュー全制覇！〟できたのでしょうか？

中居クン激怒！……嵐、お前ら俺をバカにしてんのかよ!!

～『うたばん』出演エピソード～

2000年11月9日のTBS系『うたばん』を見てハラハラしなかった？
だってスーパー（テロップ）で――

「（『嵐』は）中居クンのことを先輩と思ってないらしい」

――みたいな意味の文章とか、見ているほうが、

「えーっ！　こ、こんなこと書いていいのかよ！」

――とビビッちゃう、そんな演出がされていたからね。
もちろん嵐、それに中居クン、貴サンには、

「あとでこんな風にアレンジするからね！」

――というディレクターさんの演出意図が伝えられていた。

だから、本番前に中居クンが――

「お前ら、なるべく好き勝手にやってくれよ！」

――と言ってくれたのだ。

……が、しかし嵐の5人は、

「でも逆に、〝好き勝手に〟って言われたほうが、何もできなくない？」

――と恐縮し、大野クンなどは、いつにもまして口を閉ざしていた。

それはもちろん、他のメンバーも一緒だった。

～『うたばん』収録中～

「ちょっとV（VTR）止めてください！」

――そんな嵐5人の雰囲気を感じ取った中居クンが、ディレクターさんに指示を出し、一度収録をストップさせる。

「嵐さあ、ちょっと聞いてくれる？」

「は、はい！」

コレがギョーカイでは有名な〝中居クン・チェック〟。

中居クンは自分の番組の収録中、しばしばこうやってVTRを止め、

「今のとこ、コレでいいのかなあ？」

——と、何度もやり直し、作り込んでいくのがお得意のパターンなのだ。

「あのさあ、嵐に遠慮されると、結果的には俺が困るんだよ！

わかってると思うけど、この番組って、貴サンが俺をオトしめて笑いを取ってるワケよ！」

——確かに『うたばん』は、中居クンと貴サンのポジションがハッキリしている。

「俺もさ、それに反応する形で自分の色を出すワケ！

だから貴サンがツッコミやすくなるように、嵐には俺をバカにしてもらわないと！」

——大先輩をバカにするなんて、そんなコトはとってもできるハズがない……。

「とにかく、頼むよ！」

——幸か不幸か、このあと〝嵐の番長決戦〟というゲームコーナーがあったため、予定通りの（？）展開で、収録は無事に終了したのだった。

「おつかれさまでした！」

――収録が終わり、帰り支度を整えた嵐が中居クンの控室に挨拶に出向くと……

「ハイハイハイ、お前らちょっとそこに並べ！」

――手をパンパン叩きながら、中居クンが嵐の5人を1列に並ばせた。

「勘違いするな！」

――いきなりの中居クンの一喝。

〝勘違い〟とはなんのことだろう？

やはり！　中居クンを小バカにしたコトに対してなのか……？

「俺たちはさあ、もう同じ1枚の板の上にいるんだぞ！

〝先輩、後輩〟ってもちろん大事だけど、その前に〝プロとプロ〟なんだから、

番組の意図をシッカリと理解して全力を出してもらわないと、こっちが困るんだよ！」

――〝バシッ！〟と壁を平手で叩く中居クン。

「よし大野！」

「ハイ！」

「お前は全力を出してたか？」

「だ、出したつもりです……」

「つもりだァ〜？」

「……だ、出しました！」

「桜井！」

「出しました！」

「相葉！」

「出しました！」

「だから、〝あの程度がお前らの全力なのか〟って聞いてんだよ‼」


——ここは嵐の5人にプロ意識をシッカリと持ってもらいたいという、コレが先輩としての教えなのだ。

「松本!」

「出しました!」

「同じこと言わせるな!!」

――再び、中居クンの平手打ちが壁に大きな音を立てる。

「二宮! お前はどうなんだ? 出したのか!」

「出しました!」

――二宮クンがそう答えると、中居クンは二宮クンの顔をジッと見つめる。

「ホントか?」

「ハイ!」

――くり返し念を押すので、今度は壁ではなく、自分の顔に平手打ちが飛んでくることを覚悟した二宮クン。

「二宮!!」

「ハ、ハイ!!」

――二宮クンだけじゃなく、他のメンバーも覚悟を決めたそのとき……

「……プ、プププッ!」

「????」

――なぜか中居クンが大笑いし始めたではないか。

「だ、ダメだ!

二宮の顔見てると……つい笑っちゃうよ!」

「へっ!!」

「お前、怒りづらい顔してるよなァ! おトクだよ、おトク!」

「は、はあ?」

――キョトンとする二宮クン。

「よし、今日はお前ら〝二宮の顔〟に免じて許してやる!」

「あ、あの……」

「もういいぞ、帰って!」

――今度はキツネにつままれたように、首をかしげながら控室を出る5人。

「イヤ〜ダメなんだよ俺、二宮みたいな顔に弱いのよね〜」

——嵐が帰ったあと、スタッフにこう呟く中居クン。


「どうしても怒れないのよ、あの顔見てるとさ!

おトクな顔してるよね!

きっと今まで、アイツの顔を真正面から見て怒れた先輩、いなかったんじゃない?」


——それが中居クンの自己分析。


皆サンはどう思う?

二宮クンの顔って、そんなに〝怒りづらい顔〟をしてるのかしらん?

……二宮クンのおかげで九死に一生を得た(?)5人。

この日『うたばん』の舞台ウラで、中居クンにしっかりと〝プロ意識〟を叩き込まれた嵐でした。

大野クン感激の涙!

～『嵐』結成1周年エピソード～

――1999年の11月3日に『A・RA・SHI』でデビューして以来、トップアイドルへの階段を全速力で駆け上っていった嵐。

「もともと仲は良かったけど、この1年間でよりわかり合えるようになった!」

1周年を間近に控えた当時、

「1周年はどんな気持ち?」

――と聞かれるたび、こう答えていたのは松本クン。

そりゃ、それまではジャニーズJr.の一員……といっても、100人以上いるメンバーの一人一人でしかなかったワケだから、5人になって接する時間も多くなったし、当たり前といえば当たり前だよね。

「いや、そうじゃなくて、たとえばコンサートの構成や演出を考えるときに、みんなと意見がぶつかり合うことがあるじゃない？

そんなとき、Jr.の頃だったら〝放っとけ！〟って思ってたことが、『嵐』になってからは――〝そういう考え方もあるんだ！〟って、一歩引きながら、前向きに考えられるようになった……ってコト！」


――5人しかいない仲間（グループ）だからこそ、お互いを理解し合わなければ自分も大きくなれない。

ウム！　少年から少しずつ大人に変わってきたってことかな？


～1周年を間近に控えたある日～


この日、六本木の合宿所に立ち寄った大野クンは――

「あ！　おはようございます！」

「よォ～元気にやっとるかい？」

――ＫｉｎＫｉ　Ｋｉｄｓの堂本光一クンにバッタリと出会った。

「おかげさまで、もうすぐデビュー1周年を迎えることに……」

「なに？ 嵐ってまだ解散してへんかったんかい！」

――な～んて、ちょっとキツめのギャグが飛んでくるほど、大野クンと光一クンはよく知る仲。

「なんか、アッという間だけど、長かったような……不思議な気持ちです！」

「〝1周年が〟……か？

そうやなぁ……俺もデビュー1周年の頃は、そんな感じやったかなぁ……」

――夢中で走り抜けてきた、1周年の月日。

大野クンは光一クンにこう感想をもらすと、なぜかホッと大きなため息をついた。

「どないしてん？ 何かツラいことでもあるのか？」

「いえいえ、とんでもない！

そうじゃなくて、KinKiみたいに長い間やっていくためには、
どうすればいいのかなあ……って！」

普段、なぜか少しボーッとしたキャラクターにとられがちな大野クンだけど、内心は――

「翔クンがしっかりしてるからって、任せっきりじゃダメだ！

一番年上の自分が、みんなを引っ張っていかないと！」

リーダーゆえの悩み……とでもいうのだろうか、歌や踊りでみんなを引っ張るだけじゃなく、周りの誰が見ても――

「『嵐』を引っ張っているのは、リーダーの大野だ!」

――と言われたい……。

そんな良い意味での〝欲〟が出てきていたのだ。

「まあ、お前の悩みもようわかるで!」

――大野クンの心中を察したのか、光一クンがそう言った。

「俺と剛は……まあ2人やからアレやけど、『SMAP』、『TOKIO』、『V6』って、みんな一番上と一番下の年令が、ごっつ離れとるやろ？」

「はい！」

「そうすると、3つとも、一番年上の人がリーダーをやってはるけど、イヤでも全然年上やから、ついていかなしゃあないやんか！」

「そうですよね、嵐って僕と松潤、ニノで、3つしか離れてないんですよ！」

「〝年が近いからわかり合える〟……っていう言い方もできるけど、逆に〝兄弟ゲンカ〟みたいな……そんな感覚もあるんちゃうか？」

――確かに光一クンの言うとおり、年が近いから反発してしまうこともあるだろう。

「たぶん、嵐って、マジでケンカしたコトとかないやろ？」

「ないです！　弁当のオカズの取り合いくらいしか……」

「ホンマはな、3つくらいしか離れてないんやったら、ガンガンやり合うて、ケンカするくらい意地張らなアカンね！」

「でも……あんまり暴力は……」

「アホ！　誰が殴り合え言うとるねん!!

そうやなくて、たとえばコンサートのMCのネタを決めるのも、〝今回は●●任せ〟とか、〝その場で適当に〟みたいにやらんと、みんなで〝コレを話したい！〟――って出し合って、納得するまでとことんやり合わなアカンっていうコトや！」


――メンバーの意見に対し、スッと一歩引いたところで話をまとめてしまう大野クン。

それが彼の長所でもあり、短所でもあったんだね。


「1周年あたりでホッとしとってどないすんねん！

2周年、3周年なんてホンマにアッという間やで！

俺らはプロや！

〝ファンのみんなに楽しんでもらお、喜んでもらお〟って思ったら、自分らが今何をするべきか……ケンカしてでも前向きに考えんかい!!」


「こ、光一クン……」


――光一クンの、後輩思いのゲキが胸にしみる。

知らず知らずのうちに、大野クンの両目に熱いモノが溜まっていた。

「泣かんでもええやん！」

「な、泣いて……ないですよ……」

――必死に止めようと思っても、次から次にこぼれてしまう涙。

「『嵐』、1周年おめでとう！」

「あ、あびばどう……グスッ、グスッ……」

――あ～あ、本格的に泣きが入っちゃった。


「バンザーイ！」

「……」

「バンザーイ！……って、お前もやれや!!」

「ぶ、ぶぁっ……グスッ、グスッ……」

「しゃあないな、まあ泣くってことは、それだけお前が『嵐』を好きで、ファンのみんなのことが大好きだってことやろ？」

「は、はいっ!!」

力強く答える大野クンに、もう涙はない。
1周年を迎え、尊敬する先輩からのありがたいアドバイス。
きっと大野クンは、この夜のことを忘れることはないだろう。
そしていつまでも初心のままで、ファンの皆サンを楽しませてくれるに違いない――。

ARASHI Chronicle 1999-2009

ARASHI Chronicle

嵐2001

いつかやりたい！〝『嵐』の超バラエティ〟

～桜井クン&大野クン、オフタイムエピソード～

「翔クン聞いた？『ガキバラ！』が終わるんだってさ」

「マジで!? じゃあ、そのあとどうすんの？」

「もう決まってるらしいけど、どんな内容かは知らないんだ」

――2001年3月いっぱいで終了した『ガキバラ帝国2000！』（2000年4月～2001年3月放送。2001年最初の放送から番組タイトルが『ガキバラ！』に変更）。

もちろん『ガキバラ！』が終わっても、すぐに『USO!?ジャパン』（2001年4月～2003年9月放送）がスタートしたので、嵐にとってもファンの皆サンにとっても、企画が変わるだけの感覚しかなかったのかもしれない。

しかし桜井クンは大野クンから「『ガキバラ！』が終わる」と聞かされたとき、

「タイトルに『2000』なんて付けたから、2001年はダメなんじゃん……」

――とショックを受けていた。

「『ｉｆスペシャル』（『ガキバラ帝国2000！』のワンコーナー）のあたりから、自分たちがノレる企画が増えたからさ。

すごく楽しかったのに……」


――そんな桜井クンが、当時ひそかに企画していたバラエティ番組があったのだ。


「大野クンはさ、どんなバラエティ番組を作りたいと思う？」

「俺はねぇ……食べ歩きとか温泉巡りとか」

「それはバラエティっていうより、旅番組でしょ！」

「ああ、旅番組はいいねぇ……」

「だからバラエティだってば！」


〝『ガキバラ！』が終わる〟と聞かされ、さぞ落ち込むかと思いきや、桜井クンはいきなり――

「自分たちでバラエティ番組を企画できるとしたら、何がおもしろいのかな？　今のうちから思いついたコトをメモっておいて、そのうち活かしたくない？」

――と提案し、大野クンと2人で、アイデアをひねり出しているところだった。

「じゃあ、翔クンはどんなのがいいの?」

「う〜ん……バラエティって、ずっと笑わせるだけじゃダメだと思うんだよ。

中には〝マジなコーナー〟や〝泣かせるコーナー〟もないと」

「感動して涙を流すくらい、美味しいモンを食べるコーナー!」

「違うってば!」

——どうしても大野クンの発想は、食べモノにいっちゃうみたいだね。

「たとえば、芸能界の人とかじゃなくて、なんか自分たちのまわりで気になる人がいて……

その人に会いに行ったりとか。

極端な話、俺たちがCMキャラクターをやらせてもらってる(当時)

〝『マクドナルド』の日本一売上があるお店の店員さん〟って、どんな人か興味ない?」

「あぁ! あるね!!」

「あとさ、ダイエットとかの広告で、

〝1ヵ月でウエスト10センチも細くなった人の写真〟とか載ってるけど、
ホントにその人に会いに行って、ウエストを測ったり、ダイエット秘話を聞いたり。

自分たちの生活とか日常の中で、

〝この人ってどんな人なんだろう？〟って思う人、結構いたりするじゃん？

そんな人に会いに行くコーナーとかっておもしろくない？」

「うん、おもしろいかも」

「俺の場合だと、たとえば趣味を活かして、〝オリジナルラップの全国選手権〟とか……」

「俺は番組で、史上最強の英会話の先生をつけてもらって、〝1ヵ月で英検1級を取る〟とか」


――楽しそうにアイデアを出し合う2人。

『ガキバラ！』が終わるって聞いたショックはどこへやら。

すっかり盛り上がって立ち直っちゃってるもんね。

「できた!」

「どう?　かなり使えそう?」

「使えるよ絶対!

題して……〝『嵐』の超バラエティ〟!」

「超バラエティ?」

「〝バラエティを超えるバラエティ〟ってコトだよ」

「それだけ?」

「タイトルなんてシンプルなのがいいの!

俺らのラジオも、『嵐音』(2000年4月~2002年9月放送)じゃん」

「な、なるほど……」

「まず、オープニングで『今日のテーマ』を発表する」

「ふんふん」

「〝メンバーの1人が何かを成し遂げるまでチャレンジする〟って内容で、
コレは何をやるか……本人が自分で決めるか、ハガキで募集する」

「なるほどね、要はやる気だから」

「次にテレビとか芸能界とか全然関係ない〝日本一〟の人に会って話を聞く『トークコーナー』」

「さっき言ってたヤツに似てるね」

「そして俺のラップとか、ニノのギターとかを活かした音楽も！」

「俺の作詞も入れてくれないかなぁ」

「最後は、メンバーがリレー方式で脚本を書いてドラマを作っていく『シリアスなコーナー』」

「それはかなり難しそうだね」

「難しいコトに挑戦するから〝超バラエティ〟なんだよ！

……じゃあ大野クン、リーダーなんだからこの企画を売り込んでよ」

「えっ!? な、なんで俺なの？」

「こういうコトはリーダーの肩書きがないとダメなの！」

「そ、そういうもんなのかなぁ……」

「そういうもん！」

——もちろん、〝売り込む〟っていうのは冗談だろうけど、自分たちで企画を考えていくっていうのは、前向きで素晴らしいコトだと思うよ。

「まぁ、何かいろんなバラエティのイイトコ取りみたいなもんだけど、
アイデアが浮かんだら書き溜めておくクセをつけておけば、
いつかホントに、自分たちで企画を考えられる番組に出会えたとき、
絶対にプラスになるもんね!!」

――その気持ちは大事だね。
桜井クンのその前向きな気持ちが、その後のバラエティ番組で大活躍する嵐に、つながっているんだね。

RADIOSTAR 相葉クンの極秘特訓
～相葉クン、初ラジオパーソナリティ番組エピソード～

2001年10月から始まった、相葉クンがオンリーワンでパーソナリティを務めるAMラジオ『嵐・相葉雅紀のLIPSアラシリミックス』(現『嵐・相葉雅紀のレコメン！ アラシリミックス』)。

「『嵐音』でも、1人でパーソナリティを務める経験があったけど、今回はまったく俺1人でしょ？ 基本的には1人で頑張らなきゃいけないんだよ……」

――さかんに〝1人〟という言葉を連発し、不安を隠せない相葉クン。

「あんまり〝『嵐』の看板背負ってる〟とか、考えないほうがいいよ」

「そうだよね。でもなんか……考えすぎちゃうんだよ」

――番組の収録がスタートする前夜、悩みに悩んでいた相葉クンは、深夜にも関わらず思いあまって大野クンに電話をしてみた。

「大野クンって、常にリーダーとして『嵐』のコトを考えてくれてるから、素直に意見が聞きたかった」

――という相葉クン。

一方、大野クンからは――

「ドラマにせよ何にせよ、相葉チャンだって今までに、嵐以外の仕事をやってきたワケじゃん？　いくらタイトルに『嵐・相葉雅紀の』って付こうと、その延長線だと思っておけばいいんだよ」

――と、優しく見守ってくれる言葉が。

「それはわかってるんだけど……
やっぱ〝俺は『嵐』を代表して来てるんだ！〟……って思うと、すんごいプレッシャーなんだよね」

「気持ちはわかるけど、逆に言えばいいチャンスだと思うよ」

「なんで？」

――相葉クン自身は思ってもみなかった〝チャンス〟という大野クンのセリフ。

「だってさ、俺たちみたいに、グループで活躍しているアイドルとかタレントって、その中でいかに自分の個性をアピールしていくか……スゴく難しいじゃない？」

「確かにね。目立ちすぎてもいけないし」

「だろ？

ってコトは、相葉チャンがラジオ番組でウマく個性を発揮できれば、それが『嵐』にも良い影響を与えてくれるってコト」

「う～ん、大野クンの言いたいコトはわかるけど、じゃあどうやって個性を出すかっていうのも、難しすぎない？」

「ムフフフフ……そこはホレ、〝総合音楽空間快感プロデューサー大野智〟に任せなさい！」


……な、なんかその肩書き、うさん臭すぎます（笑）。

「ハイ！ もう1回!!」

「皆サンこんばんは！

『嵐』の相葉雅紀です」

「ダメダメ！ 声がマイクにこもっちゃってるよ」

「ま、マイクって、コレ電話なんだけど」

「細かいコト言わないの！ もう1回!!」

「皆サンこんばんは！

『嵐』の相葉雅紀です」

「低い低い、まだテンション低いよ!!」


——「ラジオ番組で一番大切なものは、とにかく出だしのテンションだ！」という大野クンは、相葉クンに、

「本番だと思って自己紹介とか挨拶とかしてみてよ」

——とレッスン（？）をほどこし始めた。

「なんか恥ずかしいよ……」

――な～んて、最初こそ言ってた相葉クンだったけど、意外に乗せ上手な大野クンの誘導で……

「こんばんは！ 相葉雅紀です!!」

――と結構ノリノリで盛り上がってる。

「いいよいいよ！ バーッと声が通ってきたね！」

「そうでしょ」

「う～ん……でも、確かに声のハリやツヤは良くなったんだけど、なんかこう……〝イエ～イ！〟ってのが足りないんだよね」

「い、イエ～イ？」

「そう、たとえばさ……

〝バ～イ！ ディス・イズ・相葉雅紀・フロム・アッラ～シ!!

今夜もナウでキュートなアナタのハートをガッチリ・キャッチ！

最後まで寝かさないぜシェキナ・ベイビィ・イエ～イ!!〟

……みたいなの」

「お、大野クン？ それって、ホントにカッコいいの？」

「し、失礼な！　超人気DJは、みんなこうしてやってんだから」

「ホントに？」

「信じないんだったらもういいよ！

せっかく相葉チャンのために頑張ってんのに……」

「うそうそ、ごめんごめん！　え～っと……

〝ハ～イ！　ディス・イズ・相葉雅紀・フロム・アッラ～シ!!〟

……だっけ？」

「そうそう！」

「それから……ナウでヤングなギャルをゲッチュ？」

「〝ゲッチュ〟はもう古いよ！　〝ガッチリ・キャッチ〟がこれからだね」

「イッエ～イ！　ナウでヤングなギャルのハートをガッチリ・キャッチでOKベイビィ!!」

「いいよいいよ、その調子！」

「ハ～イ！　ディス・イズ・相葉雅紀・フロム・アッラ～シ!!……」

――こうして、深夜に熱狂的なライブを繰り広げた2人の電話は、気がついたら朝を迎えていた。

「次の日、超眠くてさ……
おかげでラジオの収録のときは、ナチュラル・ハイが入っちゃってて、
かなりテンション上げて盛り上がれたよ!!」

――大野クンのフレーズはもちろん不採用だったけど、結果的に相葉クンがテンション上げて盛り上がれたのは、朝までつき合ってくれた大野クンのおかげ?

あれから今年で19年――

今でも番組が続いているのは、あの時の特訓の成果かも!?

二宮クンの思い出の〝あの公園〟

〜二宮クン、オフタイムエピソード〜

「もうココ、なくなっちゃうんでしょ？」

「え!?　そ、そうなの？」

六本木のテレビ朝日（旧社屋）周辺で、六本木の再開発工事が始まって、そろそろ1年が経とうとしていた頃のコト。

「ホント、この辺って来るたびに変わってない？」

——2001年当時、現在のテレビ朝日の本社がある六本木ヒルズ周辺は大きなフェンスが張られ、中は見えないんだけど、誰が見ても大規模な工事が進んでいるんだなぁ……と、感じさせる一帯だった。

「『テレ朝』って、Jr.時代のレッスンから始まって、ずっと通ってるでしょ？　だからものすごく愛着というか、親しみがあるんだよね！」

——二宮クンに限らず、ジャニーズ事務所に所属するアイドルたちは、誰しもがそう思うんだろう。

しかし、二宮クンが個人的に寂しさにふけるのは、

「あの公園も、なくなるのかなぁ……」

――と振り返る、ある小さな公園との、深い思い出があるからなのだ。

地下鉄の六本木駅を出て、テレビ朝日に向かう道の途中に、その公園はあった。

「レッスンの時間より少し早かったりしたら、
この公園でJr.の仲間と集まって、しゃべったりしてたんだよね！」

――都会の谷間にある、〝公園〟というには小さく、そして正直言って、あまり愛想のない公園。

「でもさ、どんなに小さかろうが、その公園に対する思い出ってあるじゃん？
代々木公園みたいにデッカくてキレイな所と比べても、
俺にとっては〝絶対にこっちがイイ！〟っていうほど、思い出に残っている公園なんだ！
あの公園は俺がJr.の頃に感じていた夢とか希望、
逆に不安なんかをすべて知ってる公園なんだ！」

――時には1人で、公園のベンチに腰を下ろしていたこともあっただろう。

さすがの二宮クンでさえ……

「将来、アイドルになれるのかなぁ……」

――と、不安を感じていたこともあったハズ。

そんなとき、二宮クンの不安を吹き飛ばし、力を与えてくれたのは、まぎれもなく〝あの小さな公園〟だったのだ。

テレビ朝日からこの辺りにかけて、これから大規模な工事が本格的に始まる……と聞いたとき、二宮クンは松本クンを誘って〝あの公園〟にやって来た。

「どうなるんだ?」

「う～ん……やっぱ、なくなっちゃうかも……」

――松本クンも、二宮クン同様、この公園には思い出が残っている。

「ホントはずっと残ってて欲しいんだけどね……」

「そうだね……」

――夕方になると、この公園は六本木の駅と麻布十番をつなぐ近道でもあるため、何人もの通行者が通り抜けていく。

言葉も交わさず、そんないつもの風景を眺めているだけの2人。

「自分たちが大人になっていく中で、絶対に忘れちゃいけないモノってあると思うんだ！
『嵐』としてやっていく中でも、〝最初に思った夢〟とか〝希望〟とか、
〝ファンのみんなを大切に、そして愛されたい〟って想いとか……
俺のすべては、この公園から始まっていると思うし、
もしココがなくなっても、ココで感じた気持ちだけは、絶対になくしたくない！」

――街は姿を変えようとも、たとえあの公園が消えてなくなろうとも、二宮クンの心に深く刻まれた思い出は、決してなくなることはない。

「だってあの公園は、俺のスタート地点だから！」

こうして二宮クンは、また新しい一歩を踏み出していった――。

ARASHI Chronicle 1999-2009

嵐2002

ARASHI Chronicle

相葉クンを救ってくれた〝アノ人〟のコト

〜相葉クン、オフタイムエピソード〜

「あと1週間しかないけど、ここで手術を受けておくほうが相葉のためだから」

「わかりました……」

――2002年の3月30、31日にハワイで行われた、『ARASHI ファンツアー イン ハワイ』のイベント。

イベントに備えて英会話を習うほど気合いが入っていた相葉クンが、3月中旬に身体の不調を訴えた。

「正直〝ずっとガマンしておけば良かった〟……って思ったよ。

『すぐに入院して手術しなきゃダメだ』――って言われたときは」

『自然気胸』という肺に穴が開く病気。

放っておいて悪化すると、これからは嵐の激しいダンスについていけなくなるかもしれない。

入院、手術は3月24日。

そう、わずか6日後には、ハワイで本番を迎えてしまうのだ。

「(行けるかどうか)ギリギリだって言われたけど、なんとか間に合ってホントに良かった」

まだ相当痛みも残っていたハズだが、相葉クンに笑顔が戻ったのはホントにうれしい。

「でもやっぱり、アノ人の励ましがなかったら、実はくじけていたのかもしれない」

——アノ人?

そう、それは突然お見舞いに来てくれた滝沢秀明クンのコトだった。

「なんだ、もっと痛そうな顔してると思ったのに」

「痛いよ、マジで！」

——手術が終わり、面会ＯＫになってすぐに、滝沢クンは相葉クンのもとに飛んでくるかのようにお見舞いに来てくれた。

Jr.時代から、相葉クンにとって滝沢クンは兄のような存在だった。

「1コ上に、滝沢クンと翼クンがいたから、俺はスゴく幸せだった」

——という相葉クン。

デビューは嵐のほうが先でも、心の中では永遠に滝沢クンと翼クンは、相葉クンの〝兄貴的存在〟であり続けていたのだ。

「つーかお前、めっちゃ焦ってんだろ？」

——前フリもなく、滝沢クンは笑いながら、ツッコむように言い放った。

そう、まるで相葉クンの心の中を見透かしていたかのように。

「焦ってるっていうか、〝どうすればいいんだろう〟って悩んでる」

「バーカ、それを〝焦ってる〟って言うんだよ！」

相葉クンの性格上、決してファンを裏切るコトはできない。

しかも今回のように、病院のベッドの上にいて、自分の気持ちや意志だけじゃどうにもできない……となると、心だけ先へ先へと進み、その焦りが体調の回復を妨げるコトになりかねない。

相葉クンをよく知る滝沢クンだからこそ、手に取るようにわかるのだ。

「でもさ、じゃあ、どうすればいいんだろう、俺……」

――そう言う相葉クンに滝沢クンがひと言……

「何もしなくていいんだよ」

――焦る相葉クンを救ってくれたのも、やはり滝沢クンの言葉だった。

「相葉チャンにはさ、頼りになるメンバーが4人もいるじゃん！　もし仮に間に合わなくてハワイに行けなかったとしたら、アイツらに任せればいいんだよ、すべて」

「す、すべて……それができないっつーか、したくないから焦って……」

「だってホントの仲間だろ？　嵐のメンバーは！」

「……」

言葉が出なかった。

滝沢クンのひと言が胸にしみて?

いや、そうじゃない。

どうして自分にはお互いに助け合い、頼りになる4人の仲間がいるコトを、改めて滝沢クンに教えてもらわなきゃいけなかったのか……という思いだ。

「(ハワイに)行ければいいし、行けなくてもいい。

行って頑張ってもいいし、行かなくて頑張ってもいい。

要は少しでも〝自分が満足のいくパフォーマンスができない〟って思ったら、

〝その分を任せられる仲間がいるんだ〟ってコトを、もう1度考えてみるべきだ……ってコトだよ。

2年以上も『嵐』で一緒にやってきてるんだから、

1度くらい〝ゴメンね!〟ってバックレるのもOKじゃない?」

最後はギャグで笑わせてくれたが、

「くれぐれもお大事にな!」

——と残して滝沢クンが帰ったあと、相葉クンは感謝の気持ちでいっぱいだったという。

「うん、それから焦りがなくなったし、自分の身体を治すコトに専念できた。
先生が〝いくら若いにしてもスゴい回復力だ！〟……って驚いていたけど、
気持ちが落ち着いたのが一番の薬だったと思う」

——その点では、その〝薬〟をくれた滝沢クンは世界一の名医かもしれない。

「ただねぇ～、もう少し良いお見舞いを持ってきてくれないと……
一応、年上なんだしさ」

——ま、そのコトは黙っておくよ。
あの滝沢クンがコンビニの〇〇〇しか持ってきてくれなかったコトはね！
（→つーか、〇〇〇が気になります……笑）

一番になりたい！

～『夏コン』舞台ウラエピソード～

『嵐』の2002年の夏コン『HERE WE GO！』。
全国7都市、計20公演を行ったこのコンサートは、

「正直、めっちゃキツかったよ！
だって、グループとしては『ピカ☆ンチ』の撮影が入ってるし、ニノは『青の炎』でしょ？
5人がそろうのは夜中の3時過ぎ……なんてのも珍しくなかったし、
その中で集まって、アイデアを出し合わなきゃいけないんだから！」

実は櫻井クン(この頃から表記が『櫻井』に変わりました）の中には、そんなハードなスケジュール
でも、

「つーか俺らさ、なんでもいいから、〝一番〟になりたいよね！
絶対、やりとげたいコトがあった!!」

――という、あるひとつのこだわりが、メラメラと燃えまくっていたのだ。

「誰が見ても、〝スゲェよ、お前らが一番だよ！〟って思ってもらえるような、そんな仕掛けが欲しかったんだよね！」

そう、櫻井クンのこだわりとは――

「嵐が一番だ！」

――と、誰もが認めるようなコンサートにするコトだった。

「俺たちって、ジャニーズの中で〝ちょっと変わった存在〟っつーか、〝ビミョーに正統派じゃない〟ところがあるじゃん？　まぁ、それだけ嵐しかできない〝嵐オリジナル〟だとも言えるんだけど、でもやっぱ〝どうだ！　参ったか‼〟って、みんなを降参させるようなモノを作りたい欲が、出てきたんだよね！」

――嵐が正統派じゃないってコトは、じゃあ何が正統派なの？

……ってあえて反論したくなるんだけど、確かに嵐はギョーカイのイメージ的にも自由奔放で、アイドルよりも〝アーティスト〟として語られるコトが多い。

「音楽的には、特に俺自身は〝嵐サウンド〟に自信を持ってるし、絶対に妥協したくないんだ！」

――櫻井クンの言葉を裏づけるように、ジャニーズ事務所サイドは嵐に好きな音楽をやらせるために、『Ｊ Ｓｔｏｒｍ』というレコード会社を設立してくれたし、さらにファンの皆サンに気軽に嵐の音楽を楽しんでもらうために、いち早く〝５００円ＣＤ〟を発売した。

さらにいえば、初主演映画をこんなに早い時期にメンバー全員で制作するのも、あのＳＭＡＰ以来だし、着実に実力をつけながら独自路線を極めているコトだけは間違いない。

「うん、しかもＣＤも映画も、〝ちょっとインディーズのニオイ〟がするのが今っぽいよね！

もちろんコレは戦略だけど、おかげで俺も含めたメンバーみんなが思いっきりノビノビとやれる！」

――そう言って胸を張る櫻井クンだけど、

「最近、ふと考えるコトがあるんだよね！

〝今の嵐の居心地の良さに、

つい甘えちゃってるんじゃないだろうか〟……って！」

――櫻井クンはポツリと、今の自分たちが置かれている立場や環境について、逆の視点からのぞいてくれた。

「ホントにやりやすいし、ファンのみんなにもきっと喜んでもらえていると思う！
ただ、その良さが、逆にマイナスに働く場合もあると思うんだよね！
たとえば、もし仮に失敗しても、
〝コレはインディーズ的に、試験的にやってみただけだから、結果は関係ないんだよ〟
……って考えるコトもできるでしょ？
それってなんでもトライできる反面、
責任感とかプレッシャーから逃げる言い訳にもしてないかな？」

――いや、嵐に関しては決してそんなコトはないし、自分たちにしかできない〝嵐独自路線〟を作っていく戦略上の問題だから、櫻井クンが気にするコトはないと思うよ。

「そうかな？
たとえば音楽とか映画とかは、
インディーズっぽい方向性を持っていてもいいと思うんだけど、
どこかでジャニーズ事務所のアイドルでもある嵐を、
全面にアピールする場も必要なんだよ、きっと！」

――それが今回、特に『HERE WE GO!』に集約されていたと言っても過言ではない。

「とにかくまず、構成をしっかりと組み立てて、嵐の持ち味である踊りを最大限に活かしたかった！
それに演出面でアッと言わせたかったから、
『ジャニーズ・スーパーゴンドラ』と『ジャニーズ・スーパークレーン』を、
なんとか作ってもらったんだよね！」

コンサートを行うホールの規模（大きさや広さ）にもよるんだけど、確かに高さ20メートルの位置で60メートルまで移動できる『ジャニーズ・スーパーゴンドラ』と、高さ30メートルを縦横無尽に動き回る『ジャニーズ・スーパークレーン』は、まさに一見の価値があった。

「東山（紀之）サンや、KinKiの剛クンもビックリしてたし、
（今井）翼も〝『東京ドーム』で使いたい！〟――って、目を輝かせてた！
まぁ事務所内においては、ナンバー1の地位を確保できたかな、
ゴンドラとクレーンのおかげで！」

『夏コン』の最初の打ち合わせのとき、メンバーを前に――

「とにかく、スゲェのやりたい！」

――と言った櫻井クンに対し、メンバーは、

「実は俺も思ってたんだ!」

「俺も!!」

——と異口同音に声をそろえたという。

「嵐の良いところって、

〝誰か他のヤツがやるだろう〟って、任せっきりにしないところだと思うんだよね!

〝俺はこう思う!〟〝いや、俺はこう思う!〟って、

ちゃんと話し合って前に進んできたから、

いざってときに腹の中が同じになるの!」

〝一番になりたい〟って言い方で、当時の嵐を語ってくれていた櫻井クン。

こういう力強い想いが、現在の〝一番になった嵐〟につながっているんだね。

『嵐』はジャニーズの〝イジメられ系〟

～『Cの嵐！』番組エピソード～

日本テレビの深夜番組『Cの嵐！』（2002年7月～2003年6月放送）。

大野クンはこの番組がスタートした当時、

「超ドン底にいたから、肉体的にも精神的にもキツかった……」

――と、3ヵ月経った今になってようやく、肩の荷を下ろす。

「まずスケジュール的なコトでしょ！

実は『真夜中の嵐』（2001年10月～2002年6月放送）って、

全国縦断して大変そうに見えたかもしれないけど、ロケをするのは夜から朝にかけてじゃない？

だから言っちゃえば〝（メンバーの内）誰かが交代で徹夜すればいい〟みたいな感覚だったんだよね。

ところが『Cの嵐！』はクレーム処理がテーマだから、ほとんど昼間でしょ？

『ピカ☆ンチ』のロケに、『夏コン（夏のコンサート）』のリハから本番と重なって、

マジでフラフラだったよ……」

〜『Cの嵐!』の本部(クレームエージェント嵐)シーンの収録スタジオ〜

「なんかさ、(番組を)やっていくうちに、どんどん悩んじゃうのって、俺だけかな?」

櫻井クンとスタッフのAサンと3人で雑談をしていた大野クンが、大きなため息とともにブルーな表情を浮かべる。

「ものスゴく勝手なコト、言ってもいいですか?」

——Aサンの目をジッと見つめ、思いつめたように言う大野クン。

「僕たち、若手芸人さんの〝イジメコーナー〟みたいな扱われ方、してませんか!? ホントにホントに僕の気のせいかもしれないんですけど、このままじゃ嵐は、路線的には、ダチョウ倶楽部サンや出川哲朗サンのラインに、乗っかっちゃうんじゃないか……と」

「はぁっ!?」

——思わず顔を見合わせる櫻井クンとAサン。

それにしても大野クン、いきなりその路線はないんじゃないの(笑)!!

「最近、深夜番組とか見てると、若手のお笑いの人とか結構出てきてるじゃないですか？
僕もおもしろくて好きな芸人さんが多いですけど、ものスゴく重大なコトに気がついたんですよ！」

――大野クンが櫻井クンとAサンにアツく語ったところによると……最近、若手の芸人さんはオシャレさやスマートさがセールスポイントになっていて、いわゆるイジメられたり、ヘンな料理を食べさせられたりのヨゴレ系の芸人さんが少なくなった。

いやむしろ、実はその役回りは、いまだにダチョウ倶楽部サンや出川哲朗サンがやっていて、なかなか若手芸人の中で〝自分たちがやりたい！〟という人が出てこない。

そんな中、嵐がやっている『Cの嵐！』は、嵐のメンバーが大人へと成長していくためにクレーム処理にあたる……とはいうものの、実は――

「新しいジャンル〝ジャニーズ・イジメられ系〟
あるいは〝ヨゴレ系〟を生み出すための番組ではないか!?」

――と、大野クンは直感したというのだ。

「どうですか⁉　かなりイイ線を突いてるでしょ？」

――自信満々にそう言う大野クン。

それを聞いて笑い転げる櫻井クンとAサン。

「笑いゴトじゃないよ、翔クン！

これからの嵐の方向性を決める大事な番組になるかもしれないんだから‼」

――〝コレは良いコトに気がついた！〟と思っている大野クンは、櫻井クンの態度にふくれっつらだ。

「つーかスゴいよね！　いきなり想像力」

「想像力⁉　いや、コレは現実なんだよ、俺たちに突きつけられた！」

――ますますムキになる大野クンをAサンがなだめる。

「まぁまぁ、そんなコト俺たち（スタッフ）が考えるワケないじゃんか！

ホントに単純に、この番組に関して〝嵐がこんなコトをやればおもしろい！〟と思ってるだけだよ」

――Aサンの言う通り『Cの嵐！』ができるきっかけになったのは、『真夜中の嵐』で嵐のメンバーが出会うアクシデントのリアクションがスタッフの目に止まり〝コレはイケるかも！〟と企画になったからだ。

それに実はいわゆるイジメられ系のキャラが減ったのは、テレビ番組が与える少年少女への影響が真剣に業界内で論議され、できるだけイジメをイメージさせる企画はやめようと、制作者それぞれが自覚するようになってきたからだ。

「あ~良かった……。
それを聞いて、精神的にも余裕が出てきますよ、これからは」

――心の底からホッと、ホントに肩の荷を下ろす大野クン。

「いやいや、でもさ、いきなり何を言い出すかとビックリしたけど、メンバーの将来とかも考えて言ってくれたんでしょ？
なんかすっごい大野クンって、リーダーとして自覚が出てきたよね」
「でしょ？ でしょ!?」

――ちょ、ちょっと大野クン！
結成して丸3年も経つんだから（当時）、今頃「リーダーの自覚が出てきた」って言われて喜んでていいのかい（笑）。

「ホントに心配だったんだよね！
だって、先輩たち（『SMAP』『TOKIO』『V6』『KinKi Kids』）は、
み～んな自分のスタイルを番組で作っちゃってるし、
超爽やかに『タッキー&翼』がデビュー（2002年9月）しちゃったでしょ？
結局はイジメられたり、虫（ゲテモノ料理）食ったりする役って、
どう見たって俺たちしかいないじゃん！
だから……」

――へっ!? もしかして大野クン、深夜番組で若手芸人さんたちの番組を見て、研究したり思いついたりしたワケじゃなく、最初っから事務所内のポジションで危機感を感じてた……ってコトかい？

「ば、バカなコト、言わないでよ！
俺は常に、『嵐』のリーダーとして、これから『嵐』が進むべき道や方向性をだねぇ……」

「単純すぎ！」

――櫻井クンも口ではそう言うけど、嵐のために奮闘してきた大野クンの気持ちは、メンバーにもきっと伝わっていると思うよ。

だから、これからも〝リーダー〟として、嵐を引っ張っていってくださいね！ 大野クン!!

二宮クンの〝今だからこそ、メンバーに感謝〟

～二宮クン、オフタイムエピソード～

「少し変に聞こえるかもしれないけど、

〝他のメンバーの仕事がこんなに気になるなんて〟……

思ってもみなかったよ」

――そう言って、仲の良いスタッフさんの前で、苦笑いを浮かべているのは二宮クン。

「翔クンはね、やっぱり〝陰のある役〟が似合うと思う。

松潤は少し役作りに悩む性格だけど、正面からドーンとぶつかるじゃん？

相葉チャンは独特の存在感を持ってるよね。

……じゃあ俺は役者としてホントのプロになれるのかなぁ……」

――話を聞く限り、どうやらドラマに関しての話みたい。

でも、この頃から、演技力では「嵐の中でピカイチ！」とギョーカイでも言われていた二宮クンが、いったい、なんでそんなに暗い顔をしていたんだろう。

2001年から2002年にかけて、嵐はドラマ界にも活躍の場を大きく広げていった。

まず2001年3月のスペシャルドラマ『金田一少年の事件簿』に松本クンが、そして4月クールのドラマで櫻井クンが『天国に一番近い男』に、相葉クンが『ムコ殿』に出演。

7月ドラマではスペシャルドラマから受け継ぐ形で、松本クンの『金田一少年の事件簿』がレギュラー放送になり、10月ドラマは待望の二宮クンの『ハンドク!!!』。

さらに2002年1月からは、櫻井クンが『木更津キャッツアイ』へ出演した。

大野クンはテレビの連続ドラマへの出演はなかったものの『'01 PLAY ZONE』、そして初主演となった『青木さん家の奥さん』と大舞台を経験した。

「実はよく言われるんだけど、たとえばジャニーズの先輩たちは、
自分たちのグループの仲間がドラマに出演していても、
〝あえて見ようとはしない〟……らしいんだ。
もちろん、自分の仕事が忙しいコトもあるんだけど、
ビデオに撮ってまで見るなんてコトはないらしいんだよね」

それは自分以外のメンバーの仕事に興味がないワケではなく、グループやメンバー同士での仕事で新鮮さを常に保つため、あえて単独での仕事には触れない……のだが、コレはジャニーズ事務所のアイドルに限ったコトではなく、たとえばコンビを組むお笑い芸人の人たちや、女性アイドルユニットの場合もそうだというし、それが芸能界の常識でもある。

「でも嵐はみんな、必ず気になってチェックし合ってるよ」

――そう話す二宮クン。

最近のアイドルグループは、グループ間はもちろんだけど、グループの垣根を越え、みんなかなり仲が良い。

しかし、80年代から90年代前半に活躍したアイドルグループは〝グループのメンバーが最大のライバル〟的な行動を、舞台ウラでは繰り広げていた。

だから、その頃からTVギョーカイにいて、ジャニーズ事務所（に限らず）のアイドルを見続けてきたギョーカイ人たちは、口をそろえて「今のアイドルたちは仲が良いよね」と、驚きにも似た感想をもらす。

「たまに、〝ホントに仲が良いんだ？〟……って、
ある意味失礼なコトを言うギョーカイの人もいるよ。
でも仲が良いに越したコトはないと思うし、
俺らが仲が良くてチームワークが良いからこそ、
〝ファンのみんなに喜んでもらえる〟――ってのは、
当たり前じゃん」

――仲が良いからこそ、他のメンバーの仕事が気になる……それは二宮クンや嵐のメンバーにとって、ごく自然な気持ちなのだ。

「ただ、仲が良いからこそ、〝いい意味で負けたくない！〟って気持ちも、
心のどっかから湧いてくるんだよね」

――二宮クンって、ものすごく正直な人だと思う。

それが〝仲が良いからこそ〟湧き出てくる自然な感情だからだ。

「それにメンバーのコトってスゴくよく見えるじゃん？
メンバーの調子っていうか……
〝あ、このときの相葉チャンって、
結構役作りに困ってたんじゃないかな？〟とか、
〝このときの松潤は絶対にNGを連発したぞ！〟とか。
メンバーのコトが見えて気になるし、
逆に〝自分がメンバーにどう見られてるのかな〟
……っていうのも気になるんだ」

——もっとも近くにいて最大の理解者、それが自分以外のメンバーだ。

「ドラマの収録現場から『嵐』に帰ると、
みんなが〝次はどうなるの？〟とか、〝ニノ、かなりハマり役じゃん〟とか言ってくれると、

〝ああ良かった〟ってホッとするんだよね。

そしてメンバーの評判がいいと、

〝ファンのみんなにも、きっと喜んでもらえるハズだ〟——って自信もつくし」

お互いに仲が良く、お互いにメンバーのファンだからこそ、ストレートな感想や感情をぶつけてくれる。嵐を真に育ててくれるのはファンの皆サンだけど、もっとも身近に最大の理解者がいるからこそ、その存在が自分を映す鏡になる。

なんてうらやましく、なんてステキな関係なんだろう!

「特に去年(2001年)から今年(2002年)にかけて、
俺らそれぞれが、外(『嵐』以外)で仕事するようになったじゃない?
みんな必ず何かをつかんで帰ってくるし、
それが、『USO!?ジャパン』(2001年4月~2003年9月放送)や、
『真夜中の嵐』(2001年10月~2002年6月放送)のような、
『嵐』としての仕事にホントに活かされてる——と思うんだ。
だからこそ、今のメンバーには感謝したいよね!
それで言いたいんだ。
〝もっとガンガンと外で仕事してくれ!
もっとガンガンと俺の悪いところを言ってくれ!!〟——って」

このとき二宮クンの話を聴いたスタッフさんは——
二宮クンが『嵐』を大好きなコト
二宮クンが『嵐』を愛してくれるファンを大好きなコト
そして〝ホントに『嵐』でいられて良かった!〟と、全身で表現しているコト
——を感じたという。

嵐はメンバー全員がお互いのファンで、お互いの最大の理解者だからこそ、グループとしてここまで成長し、最高のパフォーマンスで皆サンを魅了する、現在の『嵐』になっていったのだろう——。

嵐2003

松本潤&仲間由紀恵〝熱愛報道〟の真相

～『ごくせん』エピソード～

2003年3月26日に放送された、日本テレビ系『ごくせん』のスペシャル『さよなら3年D組……ヤンクミ涙の卒業式』。

「『金田一』のときって、最初がスペシャルでそれから連ドラになったでしょ？
でも『ごくせん』は逆のパターンだったじゃない。
どっちが良い悪いってのはもちろんないんだけど、
〝3年D組のみんなはどうしてるのか、続編が見たい！〟
――って視聴者の皆サンの声は、素直にうれしかった」

しかもこのスペシャル、4月13日にはディレクターズカット版が一部地域で放送されるなど、評判が評判を呼んでいた。

主演はヤンクミこと山口久美子先生役の仲間由紀恵サンだけど、松本クンが演じた沢田慎も、

「『ごくせん』が終わってからみんなに言われたのは、〝松潤、スゴいよ！　あんなにイメチェンできるなんて‼〟――って、慎の超クールなイメージが俺にハマったコト。自分でもそこまで言われると照れくさいけど」

――と、ヤンクミに並ぶインパクトを与えてくれた。


「笑っちゃいません？」

「うん、少しウケるかも」

「よりによって、〝ヤンクミと慎〟ですよ！　ドラマでは慎のほうにそんな空気があったけど、ぶっちゃけ仲間サンってもう24（歳）じゃないですか」

「23（歳）よ！」

「俺なんかやっと、今年20歳になるのに」

「……ってぇと何かい？　アタシがもうババァだから、興味がねぇって言いてぇのか⁉」

「なってるなってる、ヤンクミ！」

『ごくせんスペシャル』の収録現場で、休憩中に仲間サンと盛り上がっていた松本クンは――

「知ってます？　何かの雑誌に〝俺と仲間サンの仲がアヤしい〟……って書いてあったらしいですよ」

――と、例によって根も葉もナシ系のウワサで、さらに盛り上がっていたのだ。

「っていうか、どうせなら……」

「えっ？」

「……い、いや、なんでもないって」

――しかし、ふと漏らした仲間サンのひと言で、思いもよらぬ〝ヤンクミVS慎〟の全面抗争へと発展していくのだった。

「まさか仲間サン、沢村（一樹）サンのコト、狙ってませんよねぇ？」

「ど、ドキッ！……みたいな」

「マジすか!?　ダメですよ、沢村サンは」

「わかってるってば！　沢村サンは大人だから、私みたいな子どもは相手にしてくれないもん」

――あれれ？　まさか仲間サン、本気で沢村サンのコト？

それじゃ『ごくせん』のストーリーのまんまじゃないですか。

「違いますよ！　沢村サンは俺のものですから」

「はいっ!?」

——ちょ、ちょっと松本クン、いったい何を言い出すのよ！

「だから沢村サンは、仲間サンじゃなくて俺とデートするんです」

「デート？　ねぇ松本クン、松本クンってまさか……」

「んなワケないっしょ！　沢村サンには〝兄貴分〟として、大人の世界を教えてもらうんです」

そう、今年（2003年）20歳になる松本クンは、去年（2002年）のうちから、

「20歳になったら、いろいろと教えてください！」

——と、沢村サンにお願い済みだったのだ。

「俺よりも16歳も上だから、ハッキリ言って俺なんか、

〝沢村サンの子ども〟って言っても通用するくらい（年が）離れてんじゃん？

それなのに全然分け隔てないっつーか、沢村サンのほうから優しく話しかけてくださって……。

俺も将来、沢村サンみたいな大人になりたいよ！」

——そう、松本クンにとっては、『金田一少年の事件簿』で仲良くしてくださった内藤剛志サンのように、頼れるアニキが増えていたのだ。

「あっ!」

「どうかしました?」

──松本クンの沢村サン話を聞いていた仲間サンが、いきなり何かを思いついたような声を上げた。

「チャ～ンス」

──ニヤリと明らかに悪だくみの笑顔を、表情に浮かべる。

「5千円! いや、1万円でどう?」

「1万円?」

「そう、3人でゴハン食べに行こうよ」

「3人って誰ですか?」

「沢村サンと松本クンと私」

「〝1万円〟ってなんですか?」

「だから〝紹介料〟、沢村サンと私の」

「紹介料?」

「そう！ 2対1の合コンみたいなもんね！

盛り上がったら、〝あ、僕は仕事がありますんで〟って先に帰ってくれれば、私と沢村サンが2人っきりに……」

「2万円！」

「げっ!? 1万円じゃ足りないって言うの？」

「違いますよ！ 俺が2万円払うから、仲間サンが途中で消えてください」

「な、なんですってぇ〜〜!!」

なぜか沢村サンとの〝ツーショト権〟を奪い合う松本クンと仲間サン。

「3万円！」

「3万5千円!!」

——まるでオークションのように、値段はドンドンとつり上がっていく。

……っていうかそれより、お互い別々に沢村サンを誘ってみてはいかがでしょう？

さてさて結局、沢村サンとの〝ツーショット権〟を落札（？）したのは、松本クンか仲間サンか……どちらだったのでしょう（笑）。

大野クンの「リーダーの座を守れ」

～嵐オフタイムエピソード～

「ねぇねぇ、メシ食いに行かない？」

「あ、俺、なんか取材入ってるみたい！」

「そうなの!? ニノは？」

「いいけど……昨日も食ったじゃん！」

「松潤！」

「ゴメン、友だちと約束入ってんだ！」

――TBS系『探険！ホムンクルス～脳と体のミステリー』（2003年10月～2004年9月放送）の収録が終わったあと、相葉クンや二宮クン、松本クンを晩ゴハンに誘う大野クン。

実はこのところ、やけに帰りに「ゴハン食べよう」と連発する大野クンに、二宮クンは、

「何かアヤシイんだよなぁ～」

――と、そのニオイを嗅ぎ取っていた。

「だって、嵐は結成して丸4年が過ぎて5年目に入ったグループじゃん（この当時）。今さらリーダーだからって〝メンバーの結束を固めよう！〟なんて言い出すワケないし……」

……と、そこへ、

「おつかれ～っす！」

――ロケの打ち合わせをしていて、メンバーより少し終わるのが遅かった櫻井クンがやって来た。

「あ、翔ク……（モ、モゴモゴ）」

――櫻井クンも食事に誘おうと声をかけようとした二宮クンの口を、後ろから大野クンがふさぐ。

「どったの？」

「い、いやなんでもないよ！

ニノのヤツ、さっき俺がちょっと天然ボケかましたら、みんなに言いふらして……」

「ふ～ん、じゃあ明日ね！」

「うん、おつかれさま！」

――櫻井クンがロビーから出ていくのを見て、

「ふーっ、あぶなかった！」

――大きなため息をつく大野クン。

「な、なんだよリーダー!」

――おさまらないのは、いきなり口をふさがれた二宮クンだ。

「〝あぶなかった〟って、まるで翔クンが一緒じゃマズイみたいな!」

「……そ、そんなワケないってば!」

――ジト~ッとからみつくような視線で、大野クンを頭からつま先までニラむ二宮クン。

「あ、いや、その……は、早くメシ行こうよ!」

――こりゃあ食事の席で、思いっきり追求しないと気が済まないぞ(笑)。

~赤坂にある某中華料理屋さんに向かった2人~

ほのぼのと食事をしていたとき、タイミングを見計らって二宮クンが、

「なんで翔クン誘わなかったんだよ!」

――とツッコんでみた。

するとと大野クンは……

「実はさ、翔クンって来年（2004年）大学を卒業するじゃん！

そうするとさ、結成から5周年でキリがいいから、

〝翔クンを2代目リーダーに！〟

……な〜んてならない？」

「はぁ〜っ!?」

——と、ワケのわからないコトを言い出したのだ。

「だって今まではさ、俺が年上だってのもあるけど……翔クンは大学生だし、勉強も大変だから、

〝リーダーになって欲しい〟

……って、みんな言い出せなかったじゃん？」

「何言ってんの？」

「でも来年（2004年の3月ね）は大学を卒業するんだし、朝から晩まで『嵐』に専念できるじゃん！

っつーと、やっぱ翔クンは頼りがいがあるから、

〝2代目リーダーってコトで〟……って選挙とかなるかもしれないし！」

「せ、選挙!?」

確かに、嵐は5人だから多数決向き（?）だけど……っていうか、大野クン！

誰も別に櫻井クンを2代目リーダーになんて言ってないでしょ。


「そっかぁ～、選挙があったか！」

「ええっー!!」

「やっとメンバー5人、全員が選挙権を持てるようになったんだもんね！

どうせなら選挙やって、大人の自覚っつーのを味わいたいし！」

——コラコラ、二宮クンってば！

「ニノ、本気?」

「冗談だよ！

嵐のリーダーは大野クンしかいないっしょ！」

——ニッコリと笑って、大野クンの目の前の芝エビのチリソース煮に箸を伸ばす二宮クン。

「(モグモグモグ) でもさ、だからって翔クンを誘わなかった意味がわかんないんだけど！」

——あぁ、そうだね。

別にリーダーがどうこうだからって、櫻井クンを誘わなかった理由にはならないもん。

「う～ん、まぁね！

でもさ、翔クンがいると、翔クンに仕切られるっていうか、なんでも知ってそうじゃん？

だから〝俺がオゴルよ！〟って言っても影が薄くなるっていうか……

せっかくみんなに気前のイイとこ見せて裏工作してんのに、
その場で翔クンに全部かっさらわれちゃったら意味ねぇじゃんみたいな！」

「な、なんじゃそりゃ……セコっ！」

――二宮クンにセコいと言われ、ハッと顔色が変わる大野クン。

「そ、そうじゃないんだ……つまりその……

翔クンと俺が2人並んで比べられちゃうっていうか……

つ、つまり……」

――しどろもどろでアタフタしちゃってます。

「ぷ……ププッ！　リーダーってホント、わかりやすすぎるよねぇ～！

こんな頼りねぇのに、よく俺たちをまとめてくれてるよ！」

――大野クンの様子に吹き出しながらも、しっかりとフォローを入れてくれる二宮クン。

もちろん〝2代目〟とか考えてたのは大野クン本人だけで、櫻井クン以下、全員が……

「嵐のリーダーは永遠に大野クン!」

——って思ってますすよ、当たり前じゃん(笑)!!

嵐2004

これで俺も『志村軍団』入りだ!

~『天才!志村どうぶつ園』番組エピソード~

日本テレビ系『天才!志村どうぶつ園』で憧れの志村けんサンと共演中の相葉クン。

「お、お、おはようございます……」

——と、初対面の頃は噛みながらだったあいさつが……

「お、おはようございます!」

——となり、ようやく……

「おはようございます!!」

——って普通になった。

「うるさいなぁ!

相手はあの、天下の志村サンだよ!

そう簡単に〝よっ!〟なんて肩叩けるかっつーの!」

——いや、別に肩を叩く必要はないんですけど(笑)。

この日、『天才！志村どうぶつ園』の収録でスタジオ入りした相葉クン。

「今日はどんな天才（動物）が出てくんのかなぁ！」

——楽しみに台本をパラパラとめくりながら、本番前のリラックスタイム。

……と、突然、

「いっけね！ 志村サンの入り時間、チェックし忘れちゃったぁ！」

タレントが集まるクローク（楽屋）には、それぞれのタレントさんが『何時に楽屋入りするか』が貼り出されている。

ちゃんとチェックしておかねば、志村サンが楽屋入りしたときに、

「ご挨拶に行くのが遅くなったら、先輩に対して失礼だもん！」

——と、相葉クンは心がけていたのだ。

「よかったぁ〜まだみたいだ！」

——相葉クン自身、予定よりも早く楽屋入りしたんだけど、それでも志村サンの楽屋入りまで1時間近くはある。

「よし、本番前にパワーを溜め込んで、今日も頑張るぞ～!!」

――再び自分の楽屋に戻りながら、気合いを入れ直すのだった。

「あれ?」

――ところが、奥のほうにある志村サンの楽屋に、なぜか人の出入りが……。

「うそっ! もういらっしゃってんの!?」

いくら少し早めに着くコトはあっても、さすがに1時間前はないだろう……と思っていた相葉クン、まさにスキを突かれた感じだ。

志村サンの楽屋から出てきた人をチラリと横目で見ながら、とりあえず自分も向かってみる。

「……あっ! 声してるよ……」

――ドアの前に立って中の様子をうかがうと、ボソボソと小さい声ではあるけど、志村サンが誰かと話してる声が聞こえてきた。

「どうしよう……打ち合わせ中かな?

でも今、ちゃんと挨拶したら、

『おっ! 相葉クンは俺が楽屋に来たの、見てたんだね!』――ってホメられるかも!!」

幸い、他の共演者たちはまだ誰も楽屋入りしていない。

「よし、ここは一発、点数稼ぎだ！

失礼します!!」

――『コンコン』と楽屋をノックしながら、

「おはようございます！　相葉です！」

――元気に名前を告げる。

そして再び、

「失礼します!!」

――と言ってガチャッとドアを開けると、

そこには……

「あっ！」

――確かに志村サンがいるにはいた。

しかし……

「えっ!!」

番組で共演中のチンパンジー・パンくんをギュッと抱き締め……

「チュ〜ッ!!」

——と唇を突き出している姿が!

「お、おはようございます……」
「う、うん……おはよう……」
「し、失礼します……」
「は、はい、どうも……」

——気まずそうに静か〜にパタンとドアを閉め、一目散に自分の楽屋に駆け戻った相葉クン。

「な、なんで猿(チンパンジーだけど)が今からいるの!?
しかも、なんでチューしようとしてるの!?」

——すっかり頭の中が大パニック。

そして〝まさか〟このネタをタテに……


「天下の志村けんの恋人が猿（だからチンパンジーだってば！）だなんて世間にバレたら大変だよ！

コレはかなりのスクープだね！

知ってんの、つーか目撃者は俺だけだろ？

イケる、このネタはイケる！

きっと志村サンのほうから『あの件はナイショで』……って声かけてくれる！

もし、かけてこなかったら自分のほうから、

『僕、見なかったコトにしておきます』

——って言えばいいんだもんな!!」

ちなみに相葉クンが目撃した志村サンとパンくんのキスシーンは、たまたま早くスタジオ入りした志村サンが——

「パン、連れてきてくんない？」

——とスタッフに頼み、自分の楽屋でエサをあげようとしていただけなんだけど……

「これで俺も志村軍団入りだ！」

——野望（？）に燃える相葉クンの耳には、まったく入りそうもありません（笑）。

あれから16年——

今では志村サンともすっかり打ち解け、『天才！志村どうぶつ園』の一員として大活躍。

しっかりと〝志村軍団入り〟した相葉クン。

もっとも、16年前のこの一件がきっかけになったかどうかは……定かではありませんが（笑）。

〝打倒！ 堂本剛〟大野クンが突きつけた挑戦状

～大野クン、オフタイムエピソード～

テレビ業界では――

「KinKiKidsの剛と、嵐の大野は将来ライバルになる」

――と言われていたコトがある。

もちろん、〝ジャニーズで1、2を争う歌のウマさ〟のコトだ。

現に剛クンも――

「大野はエエよね！

あの歌を聴くと声がスーッと気持ちよく入ってくる」

――と認めてくれている。

「素直にうれしいけど……実は他に、

剛クンに〝ライバル〟って思ってもらいたいコトがあるんだ！」

――ええっ!? そ、それは初耳だけど……いったい、なんのコトを言ってるんでしょ？

〜ここは、都内某所にある『室内スポーツセンター』〜

——実はこの近くに友だちが住んでいる大野クンは、この当時なぜか足しげく通っていたのだった。

「フフフ……血が騒ぐぜぃ!」

——威勢よく釣り竿を振りかざす大野クン。

「よ〜し! 今日は大物狙うぞ!!」

そう、ここは非常にジミ〜な〝室内釣り堀屋さん〟だったのです。

釣り堀といっても実は、10メートル×5メートルぐらいの小さな水槽で、水の深さも50センチくらいしかない……とてつもなく地味で、銭湯の浴槽のようなトコなのです。

「それがさ、近所のオジイちゃんの憩いの場みたいになってて、いっつも同じ人がいるんだよね。それがまた超おもしろいっていうか、昭和にタイムスリップした感じ。しかも魚のほうは慣れてるし、釣り堀の親父さんが1日に何回もエサやってるから、腹空かしてないんだよ。全然釣れないもん」

近所のオジイちゃんたちに混じって釣り糸を垂らす大野クン……。

なんだか大野クンらしいというか、ほのぼの&なごみの時間を過ごしているんだね。

そんなある日、大野クンは、釣り堀で一番の大物とされる30センチぐらいのコイを釣り上げた。

「超キモチいい〜〜〜っ！」

——大物と格闘した上で、釣り上げる快感と感触を、シッカリと両手に焼きつけた大野クン。

「う〜ん、剛クンはいっつも、こんなにキモチいいコトをしてたんだな」

——そう、KinKi Kidsの堂本剛クンといえば、TOKIOの長瀬智也クンと並ぶ〝ジャニーズ最強のフィッシング・マスター〟。

「まぁ、見ててよ！
すぐに剛クンに挑戦状か果たし状を叩きつけるから!!」

——ちょ、ちょっと大野クン、まさかそこまで本気なの!?
コレはひょっとして、『大野クンVS剛クン』のガチンコバトルが見られるんじゃないでしょうか！

〜それから数日後〜

「ねぇねぇ、そういえば大野クンさ、
この前〝釣りにハマった〟とかなんとか……言ってなかったっけ？」

――日本テレビ系『Dの嵐！』(2003年7月〜2005年9月放送)の収録スタジオで、櫻井クンが
ふと大野クンに聞いた。

「そうだっけ？」

――え、えっ〜〜⁉〝そうだっけ？〟ってなんだよ！

「言ってたじゃん！

大物を釣りにどこかまで行くとか何とかさ」

「あぁ、アレね、アレはもうちょっと先」

「へっ⁉」

なんでも大野クン、仲良しのスタッフさんが釣り好きだと知ると、

「マグロとか釣りたいんだよね！」

——と言ってみたところ、「そんなん、無理に決まってんだろ」と一蹴された上、じゃあどんな魚を釣りに行けるか……と教えてもらったのはいいけれど、

「そんな！　真冬に夜明け前から船に乗るなんて……寒いし危ないじゃん‼」

——すっかり尻込みして、

「春になって暖かくなるまでガマンしよっと！」

——勝手に振り上げたコブシ（釣り竿？）を下ろしてしまったのだ。

「やっぱホラ、俺にはハワイとか南の島に行って、クルーザーに乗りながらする釣り（トローリング）が、似合ってるじゃん！」

当時は「冬の釣りは向かない」なんて言ってた大野クン。

夏だろうが冬だろうが季節に関係なく、ドップリ釣りにハマッている今の大野クンからは、ちょっと想像できないよね。

大野クンが大の釣り好きになった原点は、この釣り堀屋さんにあったんだね——。

リーダー大野クンの〝秘技〟

～『24時間テレビ』舞台ウラエピソード～

それは2004年の夏、嵐がメインパーソナリティを務めた『24時間テレビ27　愛は地球を救う』(日本テレビ系)の、生放送中の出来事だった。

「やべぇ、かなり眠いんだけど……」

――8月22日(日)の朝10時過ぎ、ちょうど番組の半分以上が過ぎたこのくらいの時間がパーソナリティにとって〝魔の時間帯〟と呼ばれている。

「各地からの中継とかロケものが放送されると、いきなり眠くなるから、気をつけてください」

――と番組スタッフに言われていた嵐のメンバーだけど、控え室に入ってまず、相葉クンがボ～ッとし始めた。

「しっかりしろよ、相葉チャン!」

――二宮クンはゲームをしながら、眠気をこらえている。

櫻井クンは友だちにメールを打ち、そして松本クンは、

「ちくしょォ～！」

――とか言いながら、腕立て伏せをして眠気と闘っていた。

そんな中、大野クンだけはカッと目を見開き、静かに一番奥の椅子に座ってみんなの様子を眺めていた。

「大丈夫？　眠かったら寝てもいいよ」

「ダメだよ！

俺らは『24時間（テレビ）』のパーソナリティなんだから、寝ちゃったら視聴者に申し訳ないもん」

――大野クンのひと言に反発するかのように、みんなは気合いを入れ直す。

「そっか、でも無理して（番組が）グダグダになったほうが、よっぽど申し訳ないんだから……」

「いや！　ゼッテー寝ねぇから!!」

――ほぼ眠りに落ちる寸前の相葉クンも立ち上がり、

「顔洗ってくる！」

――と洗面所に向かった。

相変わらずみんなを見守るように静かに座っている大野クン以外は、今にも両目が閉じそうな4人。

「1人ずつがガマンするんじゃなく、4人で頑張ろう！」

――と4人が輪になってゲームを始めたんだけど……さすが、強烈な眠気には勝てない。

「それにしても大野クンって、マジでスゴイね」

「うん、あんなにカッと目を見開いて起きてんだもん！　しかも〝眠い〟なんてひと言も言わず」

――ニコニコと4人を見守る大野クンに改めて、

「さすがリーダー！　ここイチ（一番）ではキメてくれるよ！」

――と尊敬の念を抱く4人だった。

「じゃあ嵐サン、お願いしま～す」

――と、そこへADさんが呼びにきて、メンバーはステージに向かう時間に。

「よっしゃ！　今回もガマンできたぞ、峠を乗り切れば最後までイケる」

生放送中はカメラに映って気が張るため、眠くなるコトはない。

そのテンションで次の休憩を乗り切れば大丈夫と元気に飛び出していく4人だった。

……って、あれ？　よ、4人!?

「大野サン、大野サン」

「……」

「大野サン！　よろしくお願いします」

「……あっ！　は、はい!!」

4人が控え室を出ていったあと、1人残っていた大野クンにADさんが声をかけたのだが……

なんか変じゃない？

「よし、俺が寝てたの、最後までバレなかったな」

――えっ!?　お、大野クンってば寝てたの？

だってあんなに、カッと目を見開いていたのに。

「秘技！　名づけて〝目開けたまま睡眠法〟」

……な、なんと大野クンがそんな秘技を会得していたとは。

「だって松にぃと遊ぶと長いから、
（→当時大野クンはTOKIO松岡クンとよく朝まで一緒に飲んでました）
途中でどうしても眠くなるじゃん？
でも先輩の前で寝るワケにもいかないしさ、
いつの間にか、目を開けてても少しの時間なら寝れるようになったんだ！」

——さすがリーダー、お見それしました！
……って他のメンバー全員、ダマされてんじゃん（笑）。

とにもかくにも、こうして嵐の5人は無事に〝『24時間テレビ』メインパーソナリティ〟の大役を務め上げたのでした——。

『24時間テレビ』で一番大泣きしたのは？

〜『24時間テレビ』舞台ウラエピソード〜

2004年の『24時間テレビ27 愛は地球を救う』で、念願のメインパーソナリティーを務めた嵐。

「『サライ』を歌いながら泣くの、やっぱり大野クンだよね」

「いや、意外に翔クンが泣きそう」

「相葉チャンは確実だよね」

「ニノはさぁ、泣き始めたらみんなの後ろに隠れそう」

——と、続々と名前が挙がるのに、なぜか出てこない松本クンの名前。

「ねぇねぇ、俺は？」

——盛り上がる4人に、思わず尋ねてみる松本クン。

「松潤〜？」

「あぁ、いいよ松潤は」

「な、なんでさ！」

「だってクールだもん、泣かないよ」

「いや、クールっていうより〝冷血漢〟でしょ」

「れ、冷血漢!? ちょっとそれ、ヒドくない?」

――ま、番組内で誰が泣いたか泣いていないかは、当時、皆サンがその目で確かめたと思うけど、皆サンがチェックできなかった舞台ウラでは、衝撃の出来事があったみたいだよ。


~『24時間テレビ』の生放送終了後、出演者とスタッフで軽い打ち上げが行われる地下の控室~

「松潤~! どこ行ったのぉ~?」

――ところがその会場に松本クンの姿が見えない。

「ヤベェよ!

もうすぐ始まるのに、嵐のメンバーがいないなんて……マズくねぇ!?」

――そりゃそうだ。

ひと言ずつぐらい、挨拶もしなきゃいけないだろうし。

「ねぇ大野クン、松潤見なかった?」

「あぁ、今、俺と入れ替わりでトイレに入ってった」

「なんだ、トイレかぁ〜」

――ホッと胸をなで下ろすメンバー。

しかしその数分後、

「トイレにしても……遅いよね」

――再び不安になり、

「迎えにいこう!」

――4人は一目散にトイレへと駆け出すと、

「い、いない!」

――最初にトイレに入った櫻井クンと二宮クンが、真っ青な顔で出てくるではないか。

しかし、いくら広い日本武道館とはいえ、控室とトイレ以外、松本クンが歩き回るような場所はないハズなのに、松本クンが行方不明に!?

「探そう！」

――慌てたメンバーが〝『日本武道館』のスミからスミまで探しにいこう〟と思ったところに……

「あれ？　みんなどうしたの!?」

――キョトンとした顔で松本クンが姿を現した。

その顔を見た4人は……

「ね、ねぇ。やっぱアレ、泣いてたんだよねぇ」

「目、真っ赤だったもん」

「松潤、絶対に泣いてたんだよ！」

――松本クンの真っ赤な目を見て、ゴニョゴニョとヒソヒソ話。

「ねぇ、さっきから何ヒミツぶってんの？」

――4人の不穏な行動を尋ねる松本クン。

すると、そんな松本クンの顔を見て、

「絶対に泣いてた！　あんなに目が真っ赤な松潤、見たことないもん!!」

――またまた盛り上がる4人。

「〝鬼の目にも涙〟ってヤツだね！」

「鬼はかわいそうだろ！　せめて〝冷血漢〟にしなきゃ！」

「まぁ結局、松潤も人の子っていうか、逆に安心しねぇ？　フツーに感動する心を持っていたのがわかって」

「言えてる！」

――やれやれ、４人とも松本クンのコトをあれこれ言ってるけど、ジックリと自分たちの顔を鏡に映して見てごらんなさいよ。

４人が４人とも、松本クンと同じように目が真っ赤っかなんだから。

松本クンのコトをあれこれ言ってたけど、結局みんな感動して大泣きしちゃったってコトだよねぇ（笑）。

ARASHI Chronicle 1999-2009

ARASHI Chronicle

嵐2005

〝松潤チェック〟に亀梨金田一もKO？

～『金田一少年の事件簿』舞台ウラエピソード～

2005年9月末に放送されたKAT-TUN・亀梨和也クンの『金田一少年の事件簿』。
スペシャルドラマの放送が好視聴率を上げ、初代の堂本剛クン、2代目の松本クンのときと同じく、
「3代目亀梨金田一も連ドラ化へと結びつくかも」と言われていた当時のコト……

「い～や、まだまだ早い！
つーかそんなに簡単には俺がいかさない!!」

――なんて、鼻息荒くまくし立てている松本クンがいた。

実はドラマ収録のスタート直前――

「じゅ、潤クン、ひょっとして俺のコト、嫌いですか?」

「バカ! 好き嫌いの問題じゃなくて、『金田一少年の事件簿』といえば、『ジャニーズ事務所』と『週刊少年マガジン』が何十年もかけてタッグを組んできた(↑ウソつけ!)王道中の王道ドラマだろ?

実際、俺だって毎日のように(堂本)剛クンの家まで出かけて、演技指導を受けていたんだし(↑またウソついて!)お前だって甘く見たらヤケドするぞ!」

「わ、わかりました!」

「お前が撮入(撮影入り)する前に、俺が〝金田一ハジメ役で一番大切なモノ〟を叩き込んでやるから、覚悟してついて来いよ!」

「よろしくお願いします!」

――な~んて、先輩風を吹かせるのはいいけど、亀梨クンの顔色、真っ青になってるじゃないのさ。

「お前、〝ハジメにとって一番大切なモノ〟は何だと思う?」

「……ジ、ジッちゃん?」

「はぁ〜っ?」

「み、深雪?」

「なんでだよ!」

——日本テレビ系『ミンナのテレビ』(2005年4月〜2005年9月放送)で顔を合わせた亀梨クンを、

「亀、ちょっと楽屋来いよ!」

——と引き入れた松本クン。

「ホントにわかんねぇか?」

「あぁっ! 剣持警部!!」

「ワザと言ってんだろ、さっきから!」

——なんとかして亀梨クンに、金田一ハジメの真髄を叩き込もうとする(↑つもりなの?)。

「いいか？　やっぱキメの――

『ジッちゃんの名にかけて!!』

――のセリフは、見てる人に訴えかけるインパクトがなきゃダメだからな！

言ってみろ！」

「えっ!?　い、今ですか？」

「今じゃなくて、いつ言うんだよ！」

「ジッちゃんの名にかけて……？？」

――上目づかいに松本クンを眺めながら、恥ずかしそうに亀梨クンが言う。

「気合い入ってねぇじゃん！　ちゃんとやれや、お前は！」

――ビシッと一喝する松本クンの声が、楽屋の空気を凍らせた。

「『金田一』はな、俺にとってはホントに大切な作品で、もちろん剛クンにとってもそうだけど、原作者の方とか『マガジン』のスタッフの方とか、

『金田一』にたずさわった人全員の想いが集約されてる作品なんだぞ！」

松本クンの『金田一少年の事件簿』を愛する気持ちに、言葉を失う亀梨クン……。

「確かに主役はお前！
でもお前が1人で作るワケじゃない！
お前を支える何十人、何百人のスタッフや関係者がいて、
初めて『金田一少年の事件簿』っつー作品が生まれる！
それを忘れんな！」

——ジ～ンと胸を打つ松本クンの想い。


「わ、わかりました！

潤クンがホントに『金田一』を大切に思ってるコトも！」

「いいんだよ、わかってくれれば！

じゃあやるか？ もう1回！」

「ハイ！『ジッちゃんの名にかけて!!』」

「OKOK！」

「『ジッちゃんの名にかけて!!』」

「最高じゃん！」

……っていうか松本クン。

確かに『ジッちゃんの名にかけて!!』のキメゼリフは大事だとは思うけど、それだけを鍛えてもねぇ……。

さっき熱弁を振るった〝『金田一』にたずさわった人全員の想い〟に応えられるのかしらん?

「で、どうしたの?」

「だから50回ぐらい言わされたよ……」

「マジかよ~!?」

――自分たちの楽屋に帰ったものの、グッタリと疲れきっている亀梨クンをKAT-TUNのメンバーが心配する。

「いや、実はさ……」

――さっきまでの猛特訓をメンバーに伝える亀梨クン。

「な、なぁ、カメ……」

――大の字になって寝ころぶ亀梨クンに、メンバーが素朴なギモンを。

「で、そのセリフ回しはバッチリ決まったの?」

――あっ、そうそう、どうなったんだろう、あのあと。

「……つーかそれがさ、潤クンってワケわかんねぇんだけど……

あんだけ『ジッちゃん』『ジッちゃん』言ってさ、

じゃあ最後にどんなアドバイスだったかっていうとさ、

『よし! あとは監督さんの指示通りにセリフをキメろ!』……って!

要するに潤クンの特訓って、

まったく意味ないってコトじゃん!!」

――だって〝松潤チェック〟とか言いながらホントのホントは……ヒマつぶしだったの、誰も口には出さないけど知ってるんだもん。

でもきっと、少しは役には立ったんじゃないの?

松本クンの〝ジッちゃん特訓〟もさ(笑)。

世界を股にかける男・相葉雅紀誕生

～相葉クン&二宮クン、オフタイムエピソード～

それは相葉クンが『天才！志村どうぶつ園』（日本テレビ系）のレギュラーになって、もうすぐ1年が経とうかという頃のコト。

「普通に嵐の活動だけやってたら、絶対に行かない国に行かせてもらってる」

――『天才！志村どうぶつ園』のロケで、インドやインドネシアや南アフリカなど、世界を駆けめぐる快感（？）に酔いしれている相葉クン。

「知ってる？　南アフリカってめちゃめちゃ治安が悪くてさ。凶悪犯罪発生率第1位なんだって」

「そ、そうなの!?」

――久しぶりに晩ゴハンを一緒に食べている二宮クンが、相葉クンのひと言に箸を止める。

「インドはさ、スラム街とかめちゃめちゃ怖いし、インドネシアって爆弾テロが日常茶飯事なんだよ」

「へ、へぇ～」

――あまりにも恐ろしいコトをにこやかに話す相葉クンに、二宮クンの笑顔も引きつる。

「でも人も動物もサイコーでさ！

ニノもバンバンと外国に行ったほうがいいよ」

――まさに世界を股にかける男として絶好調の相葉クン。

でも落とし穴って、意外なところに転がっているんですよ（笑）。


～食事が終わった後～


思いっきりゴハンを食べ、話も弾んで大満足の相葉クン。

「ん？」

――店を出て大通りに出ると、そこにはバス停が。

そして何やら外国人の老夫婦2人が、日本人の女のコ2人に話しかけているのだけど、日本人の女のコは……

「ノー、ノー、アイ・ドント・ノー」

――と逃げ腰の様子だ。

その様子を見た相葉クンが、軽く舌打ちしながら言った。

「言葉がわかんなくても、ボディランゲージやアイコンタクトで気持ち通じるのに。
あれだから日本人はバカにされんだよ！」

——さすが世界を股にかける男は自信マンマン。

「ニノ、ちょっと助けに行こうぜ」

「い、いや、俺、英語わかんねぇし……」

「大丈夫、大丈夫、俺がいるんだから」

——逃げ腰というか、なるべく巻き込まれたくない二宮クンの腕を引っ張り、相葉クンはバス停へ。

「ハロ〜！」

——そして威勢良く話しかけた。

「○×△◇＊※〜〜！」

——老夫婦は何やらお困りのようで、自ら話しかけてくれた勇気ある日本の若者が助けてくれるだろう

……と、ホッとした表情を浮かべながらも、しかし早口でまくし立てた。

「アハン、イエ〜ス！」

「げげっ！　相葉チャンが英語しゃべってる!?」

——アハンとイエ〜スじゃ英語とは言えないけど、それでも立派に会話が成立してそうな雰囲気に、二宮クンはビックリ。

「オッケイ、ジャスト・ア・モーメント！」

——興奮する老夫婦を抑え、二宮クンのほうを振り返る相葉クン。

「ど、どうなの!?　英語、わかんの？」

——ドキドキして尋ねる二宮クン。

「いや、わかんない」

「へっ!?」

「だって超早口なんだもん」

——た、確かにねぇ（苦笑）。

「でも大丈夫、ここはバス停じゃん？　だからきっとバスに乗りたいんだよ」

——なるほど、たとえ言葉がわからなくても現在の状況から推理する、さすがだ。

「まかせろって!」

――再び老夫婦のほうを向き、

「ディス・イズ・ゴー・シブヤ、ザット・イズ・ゴー・ロッポンギ!」

――か、かなり強引。

でも指をさしながら言っているから通じるかも。

「○×△◇*※〜〜!」

「オッケイ、オッケイ、シブヤ・ゴー! ロッポンギ・ゴー!」

「○×△◇*※〜〜!」

「ノー・プロブレム、バス・イズ・セーフティ」

――〝大丈夫ですよ、バスは安全ですから〟……とでも言いたいのだろう。

でも……なんだか老夫婦は、ずっと同じセリフで助けを求めてるみたいだけど(不安)。

「イエ〜ス! バス・カミング」

――と、そこへ、渋谷方面行きのバスが来た。

相葉クンは自分のポケットから小銭を出し、

「オッケイ、オッケイ、バス、オッケイ」

――バス代のつもりで2人に手渡すと、半ば強引に、

「レッツ・ゴー！」

――とバスへ乗せてしまったのだ。

何も言葉を発せず、ただ呆気にとられて見ていただけの二宮クンも、

「……す、すごいよ、相葉チャン！　さすが、外国人慣れしててカッコいいよ！」

――と大絶賛。

「いやいや、こんなの海外じゃ当たり前だから。
別に特別いいコトしたワケじゃないし」

さりげなく手助けをするコトこそが、ホントの国際人であり、世界を股にかける男の義務。

ただ……相葉クン、キミはたった1つ、もっとも大きなミスを犯しているのだ。

そう、老夫婦が話していた言葉。

アレはフランス語だったってコトを（笑）。

ARASHI Chronicle

嵐2006

〝『嵐』解散の危機〟に、リーダー立つ！

〜『木更津キャッツアイ』舞台ウラエピソード〜

「へぇ〜！　スゴイ売れてんだね！」

——2006年、『嵐・韓国コンサート』が行われる少し前のコト。

リハーサルスタジオでスポーツ新聞を読んでいた大野クンが、何気なくポツリと呟いた。

「もう15万枚超えてんだもんね、たいしたもんだよ！」

——〝ふむふむ〟と大野クンが納得してる記事は、櫻井クンが参加したユニット『木更津キャッツアイfeat．MCU』のデビュー盤でありラストシングルになる『シーサイド・ばいばい』のコト。

映画『木更津キャッツアイ ワールドシリーズ』の主題歌だ。

「♪ばいばい、ばいばい♪」

——って言ってるヤツでしょ？

なんかカッコいいよね！

歌でお別れを言うなんて、翔クンらしいや！」

8年間も一緒に歩いてきたメンバーが、他のユニットでも認められる。
リーダーとして、1人の友として、これほどうれしいコトはない。
ところが……そんな大野クンに話しかけてきた相葉クンのひと言に、かつてない戦慄を覚えるコトになってしまうのだった!

「何か最近、超流行ってない? ユニット!」

『トラジ・ハイジ』や、本格ブームの先駆けとなった『修二と彰』、そして『Kitty GYM』など、ジャニーズのグループを越えて結成されるユニットが、ヒット作を連発していた。
ただ今回の場合、櫻井クンとV6岡田准一クン以外は所属事務所もバラバラのキャストたちの集まりだし、これまでのユニットとは意味合いがずいぶん違う。
だからだろう……

「ひょっとして翔クン、キャッツアイのみんなと音楽活動していく気じゃ……」

——相葉クンが心配して言ったのも、本気で思っている証拠かもしれない。

「そんなバカなコトあるワケないじゃん!!」

「だからさ! だから逆に、超ヤバイ気がするんだよね!」

「どうして?」

「いや、俺も『天才! 志村どうぶつ園』で、〝ユニットを組む〟って言われたら、
結構おもしろいモノができる気がするもん!」

「じょ、冗談じゃないよ! やめて!!

俺、すっごいトラウマになってんだから……」

「何が!?」

「何年か前にさ、

〝嵐が『山』と『風』ってグループに分かれて解散する〟

……なんてウワサがあったじゃん!!」

「……ああ! あったかも!」

「そのときさ、めっちゃ不安だったもん!

だから〝ユニット組んで嵐を出ていく〟なんて言わないでよ……」

――涙目の大野クン、それほど『嵐』を愛してる証拠だ……。

「ご、ごめん！　冗談に決まってんじゃん」

「まさか、まさかだよな……」

翔クン、来年から——

〝こっち（キャッツアイチーム）に専念する！〟

……なんて言わないよな？」

いくらこれが、デビューCDであり、ラストCDである……とは聞いても、最終的に18万枚ぐらいのヒットになれば、メンバーの意思とは別に、

「オイシイじゃん！　もう1枚、いっとく？」

——的な大人（スタッフ）たちの皮算用に振り回されるかもしれない。

「ちくしょう！　俺がなんとしても阻止しなきゃ!!」

——スックと立ち上がり、握りこぶしを突き上げる大野クン。

「頑張るぞ〜！」

「何を？」

「げげっ!!」

——と、そこへ、当の本人、櫻井クンがやって来た。

「翔クン！」

「ん!?」

「あのさ、〝嵐をやめる！〟……なんて言わないよね？」

「はぁ〜〜〜〜っ!?」

――コラコラ、話が飛躍しちゃってんでしょ（苦笑）。

「〝木更津キャッツアイ feat．MCU〟は、コレで最後だよね？
大ヒットしたからって、『嵐をやめます！』……なんて言わないよね？」

「い、言わないけど……」

――当たり前。

でも大野クンのなんとも言えぬ迫力に、タジタジの櫻井クン。

「よかったァ〜！ 俺ホントに心配したんだ！
だって『シーサイド・ばいばい』は超カッコいいし、翔クンも楽しそうだったから！」

――今にも泣き出さんばかりの大野クンに、自分を愛してくれるリーダーの思いやりを感じる。

「なんだかわかんないけど……でも、ありがとう！」

――ギュッと手を握る櫻井クン。

するとと大野クンから、意外なひと言が……

「で、モノは相談なんだけど！
ナイショで……」

「相談？」

「〝木更津キャッツアイ feat. MCサトシ〟で新曲出さない？
ぶっさんも生き返ったんだし、再結成もアリでしょ！」

――結局、自分もやりたかったワケね（笑）。
もちろん大野クンの相談は、秒で〝却下〟されたコトは言うまでもありません……。

相葉クンに起こった〝時差ボケの悲劇〟

~キャンペーンツアー『JET STORM』エピソード~

それは2006年7月31日の夜、韓国で起こった!

「に、ニノ……」

――苦しそうな声とともに、後ろから肩をつかまれた二宮クン。

「ど、どうしたの!?」

――振り返ってみるとそこには、真っ青な顔で今にも倒れそうな相葉クンの姿が。

「ヤバイかも……」

「大丈夫!?」

「も、もう少しなら……」

「ホントに?」

――いったい、どうしたというのだろう。

相葉クンがこんな姿になるなんて……。

2006年7月31日から8月1日にかけて嵐は——

7月30日
午後10時05分　大阪発・羽田へ

7月31日
午前1時30分　羽田発
午前7時15分　バンコク着
午前11時30分　バンコク発
午後3時05分　台北着
午後5時30分　台北発
午後7時30分　ソウル着
午後10時19分　ソウル発

8月1日
午前0時32分　羽田着

……と、なんと1日（正確には26時間27分）で、飛行移動距離1万414キロのアジアキャンペーンを行った。

かなりハードな日程のため、相葉クンが体調を崩してしまってもおかしくはない。

「さっき飛行機の中で何か食ってたっけ？」

――まずは〝食あたり系〟の心配をする二宮クン。

すると……

「いや、わかってんだ原因……時差ボケなんだよ……」

――なんと相葉クン本人から意外な言葉が……。

「だから薬飲んでも治んないし……悪いけどしばらく、肩貸して……」

――とにかく今は、相葉クンを気遣うしかない二宮クンだった。

〜話は戻って出発前〜

「ねぇねぇ、この飛行機ってさ、ホリエモンとかがいつも乗ってたヤツかな？」

「名前が〝ガルフストリームV〟って、なんか〝ジェイ・ストーム〟に似て、カッコイイじゃん！」

『JET STORM』と名づけられたこのキャンペーンツアー。

チャーター機だけでウン千万円の小型ジェット機を前に、メンバーはゴキゲンだった。

中でも相葉クンは――

「俺なんかロケで、北欧にもアフリカにも行っちゃってるからね！

1万キロぐらい軽い軽い」

――と自信満々だったのに、今は……ヨレヨレの姿で、なんとか二宮クンにつかまって立っているのがやっとだった。

「そりゃもう、8千キロ以上も飛んできてるもんなぁ〜」

――1万4114キロのうち、残すのは〝ソウル〜羽田間〟の1207キロのみ。

とはいえ、超セレブが使うチャーター機の乗り心地はサイコーで、松本クンなどは、

「今まで乗った、どんなファーストクラスよりいい！」

――とテンション上がりまくり。まさに相葉クンとは正反対だった。

「ふ～っ、やっぱ飛行機ナメちゃいけないね……」

――少しばかり具合が良くなった相葉クン。

「サンキュー、ニノ！」

――と言って、自力で歩けるぐらいに回復したみたい。

「アフリカの経験が俺の体を強くしてるんだろうなぁ……

ずいぶん早く良くなったもん」

――ロケであちこち行った経験が、プラスに作用してくれたようだ。

少しずつ調子が戻ってきた相葉クン。

しかし……

「相葉クン！」

――これまでずっと相葉クンの回復を見守っていた二宮クンが、なぜかジト～っと疑惑のまなざしで、相葉クンをニラみつけるではないか。

「それって、時差ボケじゃないでしょ?」

「えっ! 立派な時差ボケだもん! アフリカ行ったときも同じ感じだったし……」

「だって時差、バンコクで2時間だよ」

そう、時差ボケというのは日本の時間に慣れた体が、海外に行って現地の時間に慣れずに起こる症状のコト。わずか2時間程度の時差だと時差ボケの原因にはなりっこないのだ。

出発前、〝自分が一番、旅に慣れている〟と胸を張っていたのに……ねぇ(苦笑)。

「そ、そんなコト言われても……

気持ち悪ィし、頭は痛いし、フラフラするし、吐き気でしょ?

カンペキに〝時差ボケの症状〟じゃん、それって」

「確かに移動疲れはあったかもしれないけど、

〝時差ボケで死にそう、お母さ〜ん!!〟

……ってほど大げさなワケじゃないし」

「〝お母さ〜ん、助けて!〟……なんて言ってないじゃん!!」

――ムッとする相葉クン。

〝助けて〟は二宮クンも言ってないけど(笑)。

〝人騒がせで困るよ〟……っぽい目で相葉クンを見ると――

「まったく！　単なる〝飛行機酔い〟！　乗り物酔いでしょ!!」

――クルッと背を向けてスタスタと去って行く二宮クン。

「じょ、冗談じゃないよ！」

――1人残され、ますますムッとする相葉クン。

「乗り物酔いだなんて、人を子どもみたいに！

ヒドイ病気だったらどうすんだよ！」

――怒れるくらい元気になったかと思いきや……

「う……また吐き気が……うっうっ!!」

――再び相葉クンを吐き気が襲う。

気持ちは悪いし頭は痛いし、フラフラするし、吐き気も……

「お、俺は、飛行機のプロだってば……う、ううっ！」

――やっぱ単なる、乗り物酔いかな（笑）。

嵐2007

『華麗なる毒入りプリン』に気をつけろ!

～『花より男子2』撮影エピソード～

2007年の1月ドラマの二大ヒットといえば、松本クンが出演した『花より男子2』(2007年1月～3月放送)と木村拓哉クンの『華麗なる一族』。

同じ週に最終回を迎えたドラマで、全番組の視聴率トップ30に入っているのを見ると――

1位　華麗なる一族　30・4%
2位　花より男子2　27・6%
3位　ハケンの品格　26・0%
8位　相棒　18・6%
14位　特命係長　只野仁　17・0%

――その中に混じってシリーズ最高の視聴率を取ったのが『花男2』だった。

「正直、原作のファンの中には〝ざけんな!〟って思う人もいるかもしれないけど、視聴率がいいと役者冥利に尽きるもん!
つくしもF4も〝パート3をやりたい!〟って思ってるんだ」

松本クンや出演者の皆サンが続編を願うこの作品だが、最終回が近づくにつれ、松本クンが……

「どどどど、どうしよう……」

――〝オレ様キャラ・道明寺司〟とは思えないほど、その視聴率でビビりまくっていた……なんてウワサ、聞いちゃったんだけどねぇ~。

それは2月の最終週のコト。
数日前に放送された『花より男子2』第8話の視聴率が22・7%で、同じ集計になる『華麗なる一族』第7話の視聴率21・1%を抜き、初めて1月ドラマのトップに立ったときのコトだった。

「イエ~イ!」

――井上真央チャンや阿部力クン、松田翔太クンらとハイタッチで、素直に喜びを爆発させる松本クン。

「スゲェー！　マジでスゲェよ!!」

皆サンも知っていると思うけど、木村拓哉クンの主演ドラマが、同じクールの連ドラに視聴率で後れを取るコトはほとんどない。

そんな木村クンのドラマを抑えて『花男2』が1位になったのだ！

ところが……なぜか小栗旬クンが浮かない顔。

「んっ!?　旬、どうかしたの？」

――その様子に気づいた松本クンが尋ねると、

「木村サン、大丈夫なの？」

「木村サン……って、木村クンの木村サン？」

「そうだよ。松潤、怒られたりしないの？」

「なんで木村クンに怒られたり……あっ！」

――ここでやっと、重要なコトに気づく松本クン。

「同じTBSだっていっても、後輩が出てるドラマに、1回とはいえ負けたんだぜ？」

――松本クンの顔色が、サ～っと青くなった……。

～数日後～

リハーサルスタジオで顔を合わせた櫻井クンが、松本クンの肩を叩いて言った。

「よっ！ 松潤、スゲェじゃん！」

「な、なにが？」

「何がってお前、『花男』の視聴率が……」

「ストーップ！」

「へっ？」

――せっかくお祝いしようと思った櫻井クンだったのに、その口を大慌てでふさごうとする松本クン。

「誰かに聞かれたらどうすんだよ！」

「だ、誰かって、何を誰に？」

「誰にもだって!!」

「はい～っ？」

――サッパリ、ワケのわからない櫻井クンに、松本クンが事情を話す。

「で、でもさ、松潤も木村クンも、そろそろ緑山（スタジオ）終わりでしょ？　だったらきっと、しばらくは顔合わせないし忘れてくれるよ！」

「そ、そうだよね……」

しかしそのとき……

「あっ！」

――松本クンは大変なコトを思い出してしまった。

「プ、プリン……」

「プリン？」

「そうだよ！　プリンがあったんだ」

「松潤、悪いんだけど話見えねぇ」

「だからさ、木村クンの差し入れだってば！」

――そう。木村クンは同じスタジオで収録している後輩のために、よくプリンの差し入れをしてくれていたのだ。

でもそれが……なぜ気にかかるの？

「ありえねぇとは思うよ……。

思うけどもし、木村クンがあまりにもムカついて、

“毒入りプリン”を差し入れたりしたら……」

「ないない！」

「だ、だよなぁ～」

「あるワケないじゃん、天下の木村拓哉だぜ？」

「そりゃそうだった！　アハハハハ……」

「次も抜かれない限りは！」

「……あははははは……は……や、やめて翔クン！」

「自分で言ったんじゃん」


――もちろんあるワケない。

でもそんな想像を冗談でも言ってしまうくらい、木村クンは絶大なる存在ってコトなのだ。


「し、知らない!!　俺、視聴率見てない!!」

――さて、松本クンの恐怖は現実になってしまうのでしょうか？

～次の月曜日～

『花より男子2』第9話　22・3％
『華麗なる一族』第8話　21・6％

――なんと2週連続、松本クンの勝利だった!!

「ぷ、プリン！　プリン届いてないよね？」

――その日、撮影スタジオ入りした松本クンが、慌ててスタッフにそう尋ねると、

「差し入れですか？　そこに……」

……しかしこの日、幸か不幸か木村クンからの差し入れは届いていなかった。

「はぁ～っ……つーか視聴率が良くて、なんでこんなにブルーになんだよ！」

――ちなみに残り2週の対決は、無事に……じゃなくて『華麗なる一族』に軍配が上がった。

「頼むから、『パート3』では木村クンと……

いや、事務所の先輩誰とも、同じクールで被りませんように!!」

――な〜んて言っていた松本クン。

でも、今の松本クンなら逆に先輩たちのほうが……

「松本潤と同じクールにならないように」

――と思ってるかもよ。

〝アニキ〟と呼ばせていただきます

～『FNS歌謡祭』舞台ウラエピソード～

2007年12月5日に生放送されたフジテレビ系『FNS歌謡祭』。
2007年は総勢28組のアーティストが出演し、ジャニーズ事務所からも『SMAP』、『TOKIO』、『KinKi Kids』、『V6』、『NEWS』、『Hey! Say! JUMP』が、『嵐』とともに出演したよね。

「同じ集まるにしても、カウントダウンライブより緊張感ありまくりだけど、テレビの歌番組で一斉にそろう機会ってあまりないし、舞台ウラはいっつも楽しんでるよ!」

――しかしそんな大野クンの背後に〝ある先輩〟の影が忍び寄っていたとは……このときの大野クンは、まったく知る由もなかった。(↑な、なんだか怖い……)

『FNS歌謡祭』の舞台ウラで、〝好きなアートの趣味が似ている〟というスタッフさんと、談笑していた大野クン。

ニコニコしながらうれしそうに話していると背後から、ポツリと……

「お、大野クン……」

——ほぼ空耳っぽく、自分の名前を呼ばれた気がするではないか。

「(ん!?……気のせいか)」

「お、大野クン……」

「(……誰かいる?)」

しかも〝トントン〟と背中を叩かれて、振り返った大野クンの目に飛び込んだのは——

「くくく、草彅クン!?」

——その相手はSMAPの草彅剛クン。

ビックリして腰を抜かしそうになる大野クンだった。

「…………」

「(ジト～っ)」

「……あ、あの!」

「(ジト～っ)」

「く、草彅クン?」

――場所をカフェに移し、コーヒーを飲みながら向かい合う大野クンと草彅クン。

しかし草彅クンはといえば、ニコニコしながら大野クンの顔を見つめるばかり。

「(つーか、草彅クンが〝ちょっと話したいんだけど〟って言ったんじゃん……)」

――〝呼び出された〟というか〝連れ出された〟大野クンにしてみれば、いったいどうすればいいのかサッパリ、ワケがわからなかった。

「あのさ……」

「ハイ!?」

――すると、突然……

「大野クン、イイよね!」

「へっ!?」

「すごくイイ! マジでサイコー!!」

――こ、コレはもしかして、フツーにホメられてる?

「嵐が出るときはいっつもチェックしてるんだ!
大野クンは見るたびにキレが良くなってるよね!」

「あ、ありがとうございます!」

――〝キレが良い〟……普通に考えれば、ダンスを指しているのだろう。
後輩が〝憧れの先輩をオンエア・チェックする〟ならともかく、

「まさか草彅クンが、俺らをチェックしていてくれたなんて……!」

――〝天下の『SMAP』〟の一員でもある草彅クンが、自分たちの姿を、歌番組やバラエティで気に留めてくれていたなんて……感激する大野クン。

確かに、こんなにうれしいコトは他にないよね!

「そもそもSMAPは、俺がJr.に入る前からテレビで見ていたアイドルだし、草彅クンはSMAPの中でも、踊りや舞台でお手本になる先輩だからね！
余計に励みになる!!」

――大野クンの言う通り、SMAPのメンバーも、〝踊りの基礎は剛が一番〟と公言するほどお手本になるし、現在のようにテレビドラマや映画の主役を当たり前のようにやる前は、『少年隊』の錦織一清サンとの舞台『蒲田行進曲』で、アイドルの殻を破った本格舞台への出演で評価を上げた。

つまり大野クンにとって特に草彅クンは、目標でありお手本である先輩なのだ。

胸にこみ上げるモノを感じながら――

「そこまで言っていただけて、本当にうれしいです！」

――緊張した笑顔で言う大野クン。

するとさらにうれしいコトに……

「これからは俺のコト、〝アニキ〟って呼んでよ！」

――なんとなんとなんと！

まさに〝義兄弟の杯〟を交わすかのごとく、草彅クンがそう言ってくれるではないか!!

「……つ、剛アニキ？」

「おっ！　いいねぇ〜!!」

「剛アニキ！」

「なんだい？　弟よ！」

「アニキ!!」

「大野クンみたいな弟がいたら、俺もホントに心強いよ！」

——すっかり盛り上がってる2人。

でも、なんだかなぁ〜っ……ぶっちゃけ、大野クンって嵐でも〝イジられキャラ〟じゃん？

草彅クンの言う〝心強い感〟って、あまりしないいんだけど。

……そしてその違和感は、あまりにも呆気なく解決した。

「コレで俺もなんとか中居クンに対抗できるぞ！」

「へっ!?」

「いっつも『うたばん』チェックしてるんだけど、大野クンが中居クンにタメ口をきくアレ、超サイコーだよね！」

——そう言い出した草彅クン。

「〝胸がス〜ッとする〟っていうか、〝俺もあんなコトをやってみたい〟っていうか……まぁ実際に俺がやったら大変だし、これからも〝弟〟に任せるよ!!」

「は、はぁ……」


草彅クンが言った〝キレが良くなってる〟っていうのは、決して踊りのコトではなく、『うたばん』での、〝中居クンに対する大野クンのツッコミ〟のコトを言っていたワケね。

最初に感じた、あの感激もうれしさも、すっかり遥か彼方へ吹き飛んでいった感満点の大野クンでした……。

櫻井クンの悩み〝最近薄くなりました……〟

～櫻井クン、オフタイムエピソード～

「最近、薄くなってきたよなぁ……」

――はぁ～っと大きなタメ息をつきながら、ガックリと肩を落とす櫻井クン。

「ニノに松潤、それから相葉チャンも……大野クンだってそこそこ……」

――ん!? つまりはメンバーの中で、櫻井クンだけが〝薄い〟ってコト?

「どうすればいいんだろ? 薄くならない特効薬ってないのかな」

――う、薄くならない特効薬?

いったい、なんのコトやら……って、ああっ! ま、まさか髪!?

「はぁ～? 何言ってんだよ! 髪の毛じゃなくて存在!! 〝存在が薄い〟って言ってんの」

――あ〜良かった、存在ね存在……って違うじゃん！

そっちのほうがヤバいでしょ。

「ニノが『硫黄島からの手紙』と『拝啓、父上様』。

松潤が『花より男子2』の次は、『バンビ〜ノ！』(2007年4月〜6月放送)。

相葉チャンは『志村どうぶつ園』……」

――ぶつぶつ言いながら指を折り、その当時のメンバーの仕事を数える櫻井クン。

「ニノと松潤が役者で活躍して、相葉チャンはバラエティのエリートコースまっしぐら。

大野クンは舞台のポジションを確立したのに……俺だけ」

――俺だけ？

「超地味じゃん！」

――なるほど。さっきの言葉の意味は、そういうコトだったのね。

でもそれなら、ちゃんと『NEWS ZERO』があるじゃない！

あの番組は他のメンバーが〝やりたい〟って言ってやれるモンじゃないよ。

「そりゃそうかもしれないし、俺だって楽しいけど……」

――けど？

「週に一度しか出ない上に加えて、NEWSの小山（慶一郎）も春に似た番組（テレビ東京系・経済エンタテインメント『ヘルメスの悪戯』・2007年3月放送）に出るじゃん？
やっぱ新番組のほうが注目されるしさ」

――おやおや、櫻井クンにしては弱気な発言。
でも2006年は櫻井クンだって、『ハチミツとクローバー』（2006年7月公開）、『木更津キャッツアイ』（2006年10月公開）にも出たし、かなり活躍してたと思うけど……。

「そ、それじゃダメなの！　だって……」

――おっと！　ようやく理由を話してくれそうだよ。

～ある日のコト～

某アイドル誌の取材が終わり、この日の仕事がアップした櫻井クン。
予定よりも早くフリーになったコトもあって、久しぶりに友だちを呼び出して食事をするコトにした。

「よォ～！　おひさっ!!」

――大学の同級生で、某一流企業に勤めるAクン。

櫻井クンは、

「『(NEWS) ZERO』をやり始めてから、異業種っていうか、芸能界以外の世界を知りたくなる気持ちが強くなった!」

――らしく、この日も友だちと食事を楽しむのはもちろん、Aクンの関わる仕事の話を聞いてみたい気持ちもあったのだ。

「へぇ～っ、やりがいがあるね! 仕事を任されるようになると」

――大学時代よりずいぶんと大人になったAクンが、やけにまぶしく見える櫻井クン。

「(やっぱ今日会って良かったよ)」

――自分もAクンに負けないように頑張らねば……と、意を強くする櫻井クンだった。

しかし数十分後……櫻井クンはAクンの言葉に耳を疑った。

「へっ? な、なんで!?」

――明らかにスーッと血の気が失せた様子。

こりゃあ、何かとんでもないコトを言われたのか?

実はAクン、なんと櫻井クンに向かって……

「嵐って解散すんの?」

――と、とんでもないコトを言ったのだ!

「だってさ〜最近、他のメンバーのドラマや映画はあるけど、ウチの会社でも話題になってんだけど、櫻井とかリーダー、出ないじゃん? だからみんな、〝『嵐』が解散する前触れだ〟って言うんだよね」

――ちょっとちょっとAクン! 何とんでもないコトを言ってんのさ!!

「そ、そんなコト、あるワケないじゃん」

「ふ〜ん……じゃあ微妙に影が薄いだけか、櫻井の」

「……そ、そっかなぁ? だってSMAPだって『スマスマ』以外、バラバラだぜ?」

「だってSMAPはアイドルのトップじゃん」

「ま、まぁ……そりゃそうだけど……」

愕然とする櫻井クン。

まさか世間が、自分たちをそんな風に見ていたなんて……。

「俺がニュース番組に出てんの、知ってるよな?」

「ああ、知ってるよ。でも……」

「で、でも?」

「平日じゃん。(午後)11時には寝るから」

「は、早いって!」

「仕方ないよ。朝6時起きなんだもん」

――それじゃあ『NEWS ZERO』も『嵐の宿題くん』も見られないよね。

「ど、土曜日の昼は?」

「金曜日は飲むから爆睡してる」

――それなら『まごまご嵐』(2005年4月~2007年10月放送)も見てないだろうし。

そりゃあ櫻井クンの影が薄くなるのも仕方ないかも……。

〜数日後〜

「元気だせよ！　翔クンの影が薄いなら、俺はどうなのさ？
ドラマなんて、全然お呼びかかんないし……」

「お、大野クン……」

——ため息をつく櫻井クンの肩に、手のひらを乗せて励ます大野クン。

「頑張ろうよ！　2人で!!」

「あ、ありがとう」

——ガッチリと堅く握手する櫻井クンと大野クン。

でも……

「こういうのって、なんて言うんだっけ？」

——お、大野クン!?

また何か余計なコト言おうとしてない？

「わかった！　負け犬の遠吠えだ！」

――〝負け犬〟って大野クン!?

……でも2人とも安心してね。

あれから櫻井クンも大野クンも影が薄くなるどころか、今では2人とも〝日本で一番光り輝くアイドル〟になりましたから――。

ARASHI Chronicle

嵐2008

俺も『ヤッターマン』に出たい！

～映画『ヤッターマン』舞台ウラエピソード～

2008年3月にクランクインした櫻井クンの主演映画『ヤッターマン』(2009年春公開)。

「〝ヤッターマン1号〟を演じるコトも楽しみだし、
世界的にも有名な三池崇史監督の作品に出られるのは光栄！」

――と言う櫻井クン。
しかも主演だから、堂々と胸を張れる作品だ。
そしてドロンジョ役を演じるのは、深田恭子チャン。
さらにボヤッキー役に生瀬勝久サン、
トンズラー役にケンドーコバヤシさん……のキャスティングは、

「かなり……というか、超ハマり役！ 手強そう!!」

――櫻井クンも笑顔で言うほど楽しみな様子。

「一番最初、三池監督はドロンジョ役のオファーを、アンジェリーナ・ジョリーにも出したんだよね！
深キョンもドロンジョ様にピッタリだとは思うけど、
そんだけのスケールっつーか監督の意気込みを知ると、
〝やらなきゃヤバいよ！〟って自然に気合いが入るね！」

――そう言ってヤル気MAXの櫻井クンだった。

2008年に入って、櫻井クン以外の『ヤッターマン』のキャスティングが続々と発表されると、なぜか松本クンが、現場で会うたびにうらやましそうに呟く。


「いいなァ～翔クン……映画出れて！　しかも『ヤッターマン』だなんて！」

「はぁ～っ？　自分は映画、2本立て続けだろ！」

「3号、ない？」

「へっ⁉」

「アレって犬だっけ？　じゃあ4号でいいや！」

「それって〝ヤッターワン〟のコト⁉」

「あんま詳しく知らない！」

「だったら言うなっつーの！
〝ヤッターワン〟はガンが作ったメカだから！
せめて区別ぐらい覚えてきてから言ってよ‼」

――2007年から2008年にかけ、『隠し砦の三悪人』『花より男子～ファイナル～』と立て続けに映画に出演し、体力的にもヘトヘトのハズの松本クンが、大ファンでもない〝『ヤッターマン』にも出たい〟だなんて、何か特別な目的があるのだろうか？

「俺が『ヤッターマン』に出たがっちゃヘン？」
「ヘンではないけど……」
「じゃあイイじゃん！ 翔クンから監督に推薦してよ‼」

――う～ん……ココまでしつこいと、

「何隠してんの？ 理由あんだろう？」

――と、櫻井クンじゃなくても気づくよね。

「だ、だからマジでなんでもないって！」
「ありえねぇ！ 松潤がそんな単純なワケねぇし！」

――ジト～ッと自分の目を見つめる櫻井クンの眼力に……

「そ、それは……」

──目が泳ぎ始めた松本クン。

「(ジト～ッ)」

「だ、だから……」

「(ジト～ッ)」

「……ご、ごめんなさい！」

──やっぱり負けちゃった。

櫻井クンの眼力に負け、松本クンがついに語った『ヤッターマン』に出演したい理由。

それは……

「CGの映画で思いっきり暴れてみたいから!!」

──だった。

「『ヤッターマン』ってアニメの実写じゃん?

だったら〝なんたらワン〟に乗って戦うシーンとか、モロにCGっしょ!?」

「だから〝ヤッターワン〟ぐらい覚えろって!」

——アニメの実写版なのだから、戦闘シーンはもちろんのコト、ヤッターマンもドロンボーもCGシーンで大活躍するのは間違いない。

「CGシーンの経験はあるけど、CMやPVじゃなく、
俺がやってみたいのは〝映画館の大スクリーンで暴れまくるアクション系のCG〟!

男なら一度は叶えたい夢だと思わない?」

——男のコなら誰しも、子どもの頃に〝ロボット物〟や〝ヒーロー物〟〝戦隊モノ〟に憧れて、

「ガンダムのモビルスーツとか、実際に乗りたいじゃん?」

みたいな夢を大人になっても持っている人が多い。

「まぁそれ系っつーか、そういうコトなんだけど、
せっかく翔クンが『ヤッターマン』で、最高のCG映画に出るんだから、
俺もぜひ……」

——ってコトは別に『ヤッターマン』じゃなくてもいいワケね(苦笑)。

「それにアレもやりてえ!!
〝爆発したあと、顔が真っ黒で全身ボロボロ〟……みたいなヤツも!
もちろんそっちはCGじゃなくて、リアルメイクで!」

――それは相葉クンに頼んで、志村けんサンのコントに出させてもらいなさい（笑）。
もちろん、松本クンが『ヤッターマン』に出演することは……当然なかったのでした。

『ザッツ・NINOMIYA・エンターテインメント』！

～嵐初『五大ドームツアー』舞台ウラエピソード～

嵐初の五大ドームツアー『ARASHI Marks 2008 Dream-A-live』に向け、リハーサルにも熱がこもっていたある日のコト。

休憩中だというのにDSもせず、

「う～ん……」

――ただひたすらに、考え込みまくっている二宮クンがいた。

「どうしたの？ ニノ？」

――その異様な雰囲気に真っ先に気づいたのは、大野クン。

ところが、そんな大野クンの問いかけにも、二宮クンは無反応。

そこで大野クンは、ジッと涙目で二宮クンを見つめ、優しくつぶやいた。

「言ってくれよ……悩みは何だ？」

大野クンの呼びかけに気がつかなかったんだもん。

「ニノは何かとてつもなく重大な悩みを抱えているに違いない」

……と、大野クンでなくとも考えるだろう。

「金だな!! いくらいるんだ? ちょっと待って、今は……」

——ポケットから財布を出し、中をのぞく大野クン。

ところが……

「あ、あのさ……大野クン?」

——しかし、二宮クンの悩みは、どうも別の方向にあるみたいだ。

実は二宮クンは、これまでの嵐、そしてジャニーズ事務所の仲間たちのステージを振り返り——

「せっかくのドームだから、〝新ネタ〟っていうか、
〝ザッツNINOMIYAエンターテインメント〟みたいなヤツ、できないかなぁって!
嵐初の五大ドームツアーを記念して、〝イリュージョン〟みたいな演出が」

——と、休憩時間も頭を悩ませていたのだ。

言葉は悪いけど、嵐を筆頭にますますド派手になるステージ演出は、メンバー自らが体を張る方向に向かいまくっていて、フライングでも〝単に飛ぶだけじゃ、客席からブーイングが上がるんじゃないか!?〟……と、メンバーやスタッフが恐怖を感じるぐらいらしい。

「だからこそ、〝原点〟に返りたいんだよ!」

「げ、原点?」

「ド派手になるステージ演出に頼らないで、みんなをドキドキさせるような何か……五大ドームツアーで再現できないかな?」

——素晴らしい!

常にファンを楽しませるエンターテインメントこそ、嵐の本領だもんね。

きっと大野クンも、二宮クンに協力して、最高のアイデアを出してくれるに違いない!

……と思ったら、

「甘い! ニノ、詰めが甘すぎるよ!」

——おいおい、協力どころの雰囲気じゃないぞ!

〝詰めが甘い〟と言い切った大野クンから〝とっておきのアイデア〟を聞かされた二宮クン。

でも……

「ほ、ホントにそれでいいのかなぁ……」

「〝原点〟でしょ？　エンターテインメントの！」

「ま、まぁ……」

「だったら〝白い鳩を出す〟か〝ステッキに花を咲かせる〟しかないじゃん！」

――いったい、2人は何を相談しているんでしょ？

大野クン曰く――

「どんなイリュージョニストも帽子から鳩を出したり、ステッキに花を咲かせるマジックこそが原点！　だからニノも〝原点〟に返りたいなら、そこに立ち返るべきだ！」

――と言うのだ。

「ドームだよ?」

「ドームだからこそ!!」

「上のほうの席、見えないじゃん!」

「なんのためにスクリーンがあるんだよ!!」

——少々というか、かなり納得のいかない理屈ではあるけど大野クンの自信マンマンな顔に、二宮クンもなんとなくその気になっていく。

「よし! 試しにどっか、手品グッズ売ってるトコをのぞいてみるか!!」

——すっかり明るい顔を取り戻している二宮クン。

「もしかしたら、おもしろいかも!

鳩がいっぱい飛んでったら」

……ていうか、エンターテインメントの原点ってホントに〝手品〟なの?

ドームのステージでステッキに花を咲かせても、さすがにインパクトなさすぎでしょ。

もちろん、大野クンがどんなにススメても、さすがの〝嵐のマジック王子〟二宮クンも、ドームで鳩を飛ばすことはありませんでした……。

櫻井クンの目指せ！〝KAの道〟

～櫻井クン&相葉クン、オフタイムエピソード～

「翔クン、順調に階段上っちゃってんじゃないの？」

「な、なんだよ相葉チャン、いきなり！」

――TBS系『社会科ナゾ解明TVひみつのアラシちゃん！』（2008年6月より『ひみつのアラシちゃん！』、2009年5月より『ひみつの嵐ちゃん！』のタイトルに変更）の楽屋で、『NEWS ZERO』の翌週分の資料を読んでいた櫻井クンに、笑顔の相葉クンが声をかけた。

「てか階段って何？」

「〝KA〟！」

「へっ!?」

「翔クンはこれから〝KA部門〟を担当してがんばってよ！」

――櫻井クンの質問は、いっさい無視して、勝手に話を進める相葉クン。

「け、〝ケーエー部門〟って〝経営のケーエー〟?」

「そっ、〝KA〟!」

「〝経営〟っていきなり言われても……そりゃ確かに、俺は経済学部だったけど……」

――相葉クンの言う〝KA〟を〝経営〟だと思い込んでいる櫻井クン。

しかしその〝KA〟の正体は、信じられない衝撃となって櫻井クンを襲うのであった……。

「一応さ、リーダーが、〝アーティスト系〟の活動を増やしてくれたおかげで、嵐もかなり幅が広がったよね!」

――とりあえず誤解が解けていないまま、話は先に進みます。

「どういう意味?」

「〝ドラマ〟や〝映画〟でニノと松潤!翔クンが〝報道〟で、俺が〝天然系のバラエティ〟、リーダーが〝芸術〟!芸能界を見ても、嵐って〝超多方面に活躍できるグループ〟だと思わない?」

自ら自分たちのコトを〝超多方面で活躍できる〟とは言いづらいだろうけど(苦笑)、櫻井クンは、

「(相葉チャンが、そんなコトを考えていたんだ……)」

――と、密かに感心していたのだ。

「スゴいね、相葉チャン!」

――ところが、素直にそう口にした櫻井クンに、

「ダメだよ翔クン!

今みたいに、〝報道〟メインで、たまに〝ドラマ〟……みたいなスタンスで満足したら!」

――相葉クンはキッと目を吊り上げ、まるでお説教のように言い放った。

「翔クンは誰もが認める〝嵐の頭脳〟だから、もっと大きく羽ばたいてくれないと!」

「そ、それが経営?」

「そう、〝KA〟!」

――腕を組み、自信マンマンにうなずく相葉クンに、櫻井クンは〝ある人物〟の顔を思い浮かべた。

「あっ! 志村サンだ!」

――言わずと知れた、志村けんサン。

「(わかったぞ! どうも相葉チャンがアカデミックな分析をすると思ったら、

志村サンからのアドバイスだったんだ!)」

――〝コレですべてが納得できる〟と、心の霧が晴れる櫻井クン。

「(志村サンは〝これからの嵐に一番大切なモノ〟として、たとえば、〝経営者的な観点から物事を見ろ〟みたいなアドバイスを、相葉チャンにしてくれたんだ……)」

――どんな言葉でも言い表せないほど、志村サンに感謝する櫻井クン。

「(そうか、そうだったのか……)」

――今にも涙がこぼれそうだ。

「相葉チャン!」

「うん?」

「俺、〝経営〟頑張るよ!

確かに、これからの嵐には、〝経営者的な視点〟も必要だわ!」

「〝KA社会の得点〟?

……そうそう、〝得点〟が大事!」

「特典? 〝特典付き〟みたいな小さい話じゃなく、もっと大局的に、俯瞰で見なきゃダメだよ!」

「なんだかわかんないけど、翔クンが〝KAの道〟に進んでくれてうれしいよ!」

「こちらこそ! 〝経営者の道〟は大げさだけど、志村サンにはよろしくお伝えくださいな!」

「え! 志村サン?」

皆サン、大変お待たせいたしました。

さっきから〝KA〟と〝経営〟で、気持ち悪〜い違和感を感じさせてしまいましたが、ようやく〝ナゾ解明〟のときがやって参りました。

ごゆっくりと、その衝撃をご堪能ください……。

「志村サンは関係ないっしょ!」

「はい?」

「だって志村サンはクイズ番組持ってないじゃん!」

「く、クイズ番組……!?」

——イヤ〜な感じの汗が、櫻井クンの脇の下にあふれる。

「今、スゴいじゃん! クイズ番組の数!

ただ俺が思うには、〝おバカタレント枠〟はもう満杯だし、やっぱ狙いは〝お利口枠〟!

それも〝男性アイドルのお利口系〟っていないから、

ここは嵐を代表して翔クンに勝負してもらいたいワケ!」

とりあえず、相葉クンの言い分は最後まで聞いた櫻井クン。

「あ、相葉チャン……〝経営〟ってさ、どういう意味なの？」

――さぁ！　ここからが本題だ。

「最初は〝KOA〟で、〝コア〟って呼ぼうかと思ったんだけど、一字違いでココアじゃん？　だったら『クイズ』の〝K〟と『嵐』の〝A〟で、〝ケーエー〟に……あっ！　コアじゃなくて〝ケーオーアラシ〟だったら、翔クンそのものだね!!　いやでも、〝KO負け〟みたいになるか？

……ねぇ、翔クンはどう思う？」

――思いっきり笑顔の相葉クンが、あまりにも〝悪気がない〟のを見て……

「クイズの頭文字は〝K〟じゃなくて〝Q〟だよ！」

――心の中でツッコむしかない、大人の櫻井クン。

やっぱり相葉クンは〝嵐のバラエティ部門〟っていうか、〝嵐のおバカ部門〟担当だったりして（笑）。

嵐2009

『VS嵐』ゴールデン昇格！

～『VS嵐』舞台ウラエピソード～

２００９年10月22日から、毎週木曜日の19時台で放送されるようになった『VS嵐』。

「最初に〝ゴールデンになるよ〟――って聞いたとき、何か悪い冗談かと思った」

――まず、こう言うのは大野クンだ。

「だってさ、土曜日のお昼だからこそノンビリした番組作りができたのに、〝木曜日のゴールデン〟なんてギスギスしてるじゃん！」

――え～っと、大野クン？ いくつか整理しなきゃいけないポイントがあるんだけど、まずは〝ノンビリした番組作り〟って、それはたぶん、キミだけだよね!?

「そ、そう？ みんなダラ～っとしてるよ！」

――だいたい、〝ゲーム対決〟の番組がノンビリしてて良いワケがないし。

それと〝ダラ～っと〟と〝ギスギス〟は、言葉の選び方自体が１００％間違っている気がします（笑）。

「智クンは放っといてイイよ！
他のメンバー4人は〝ゴールデンの責任〟に、身の引き締まる思いでいるからさ！」

――良かった、櫻井クンにはちゃんとわかってもらえてた。

「ただ相葉チャンが、
〝ゴールデンといえば、『志村どうぶつ園』を引っ張る俺に任せろ！〟
……って言うのが若干心配だけど。
メンバーにとっては、久しぶりの〝新しい挑戦〟になるからね！
不安よりも期待のほうが全然大きい！」

――番組の内容については、ここで改めて詳細にご紹介する必要はないだろう。

「とにかくビックリしたのは、ゴールデンに昇格すると、
〝こんなにもセットや弁当が良くなるのか〟……ってコト」

――松本クンってば、せっかくの〝初ゴールデン〟でそんな感想しかないの？

　これまでは毎週土曜日の12時59分からの30分番組、それも『バニラ気分!』の中で後半に放送されていた『VS嵐』。

　大野クンの言う〝ノンビリとした番組作り〟とは違うけど、視聴者側からすれば、土曜日の午後、まったりと見るのに最適の番組だったのは間違いない。その番組が、いきなり木曜日19時台の1時間番組になれば、メンバーだって多少の戸惑いを感じるのが普通。

「基本、ウチらとゲストがゲームで戦うだけの単純な番組だからね。

　無理矢理1時間に延ばされてもネタないんじゃね? トークコーナーを作る以外は」

――二宮クンがこう言うのも当然かな。

「今思えば……あるとき、番組のお偉いさんが俺のトコに来て、

〝パイプ(フォーリングパイプ)がゲームソフトになったら、おもしろい?〟

――って聞かれたコトがあって、

あのときにはきっとゴールデンが決まっていたんだよね!」

2009年10月22日からゴールデンタイムに昇格し、1時間番組に拡大された『VS嵐』。今年(2009年)でデビュー10周年、さまざまなメディアで「『SMAP』を追いかける唯一の存在」と、はやし立てられる嵐だけど、ゴールデンタイムに冠番組を持つのは初めて。

「俺ら別に芸人さんみたいに〝冠番組が夢でした〟とは言わないけど、ゴールデンに冠番組を持てるようになったのは、ダジャレじゃないけど〝感無量(「カンムリ」ょう)〟!だって何百人、何千人って、テレビに出るタレントさんがいるのに、ゴールデンに冠番組を持てるのは、ごくわずかだからね!」

――櫻井クンには珍しくおやじギャグを飛ばすコト自体……嵐にとってゴールデン昇格が、どれほど大きな意味を持つのかがわかる。

そして、あれから11年目――

『VS嵐』は嵐の代表的な冠番組として、今もなお〝ゴールデン〟にしっかりと根を下ろしている。

大野クンを襲った〝部屋飲み〟の悲劇

～『ARASHI Anniversary Tour 5×10』エピソード～

『国立霞ヶ丘競技場』3Daysを皮切りに、2009年から2010年にかけ、5ヵ月に及ぶ5大ドームツアー『ARASHI Anniversary Tour 5×10』に全力投球の嵐。

「まぁ5ヵ月といっても、飛び飛びのスケジュールだからね！
下手したら構成とか忘れちゃうぐらい！」

――という松本クン。

もちろん忘れちゃうなんて冗談だけど、それぐらい飛び飛びのイメージはファンの皆サンにもあるかもしれない。

ツアーのスケジュールを詰められないのは、嵐が売れっ子になった証拠。

「おかげさまでホント、メンバーは忙しくやらせてもらってます！
それと、10周年をこんなに祝ってもらえるなんて、まったく想像してなかった！
だってあくまでも、〝嵐がデビューして10年が経ちました〟……ってだけだもんね！」

日本テレビ系の『嵐』チャレンジ☆weekを筆頭に、

「10周年の『嵐』をなんとかウチ（の局）の番組に！」

——とアプローチをするテレビ局やラジオ局は、嵐のもとに山のように企画書を持ち込んだという。

「俺たちなんかを〝使いたい〟って言ってくださるトコには、できれば全部お応えしたいぐらい！」

——カッコつけてるワケじゃなく、本心からそう思っている。

それは松本クンと嵐が低迷期や下積みを経験しているからこそ、仕事のオファーをいただけるうれしさや喜びは、企画の大小には関係なくこみ上げてくるものなのだ。

「ツアーもね、ホントは5大ドームだけじゃなく、

関ジャニ∞が2年前ぐらいにやった〝47都道府県ツアー〟だっけ？

ああいうのを、10周年だからこそやってみたい！」

——今の嵐には実現するのが難しいアイデアだけど、メンバーは常に〝全国のファンを大切にしたい〟という気持ちを持ち続けているのだ。

『国立霞ヶ丘競技場』3Daysを終え、9月からは5大ドームツアーに入った嵐。

若い頃には、コンサートが行われた日の夜に、ビデオルームとして借りた一室に集まり、当日のステージを収録したビデオや(後には)DVDを、全員でチェックしたものだけど、最近ではそこまでの時間は設けられてはいない。

しかし今回──

「今回はスケジュールも楽だから、誰かの部屋に集まって、部屋飲みしねぇ?」

──誰からともなく言い出したこのセリフで、部屋飲みをするコトになり、場所となる部屋も、リーダーの役目とばかりに大野クンの部屋に決まったのだった。

「酒とつまみはルームサービスでいいよね?」

──相葉クンがルームサービスのメニューをめくりながら言うと、

「ビール!」

「ワイン!」

「焼酎とかってある?」

──勝手な声が飛び交う。

「てかさ、乾杯といえばシャンパンじゃね?」

——しかし、櫻井クンのこのひと言が、後に、ある1人のメンバーの運命を大きく左右するコトになったのだ。

「いいね、シャンパン!」

「でしょ!」

——さらにメニューから、

「サーモンマリネ!」

「生ハム生ハム!」

「唐揚げってある?」

——思い思いのモノを頼み始めると、

「ワゴン2台なんて初めて見たよ!!」

——頼んだメニューを乗せたワゴンが2台、結構派手なコトになっていたのだった。

「楽しい! チョ~楽しいんですけど!!」

「相葉チャン、はしゃぎすぎだよ……」

「開けるぞォ~」

「イエ～イ!!」

――相葉クンだけではなく、全員のテンションが高い部屋飲みがスタートしたのだった。

～翌日～

「いやいやいや、結構（酒量を）いっちゃったね！」

「でも周りの目がまったくないと、やっぱ盛り上がるよ！」

「今日も飲む？」

――な～んて冗談を言い合いながらリハーサルを行い、ウルトラスーパーMAXに盛り上がったライブを終えた5人。

「最初から〝10周年ツアー〟っていうくくりがあるからかな？　気持ちの入り方が、俺らもお客さんも違った！」

――確かな手応えをつかみ、東京への帰路についたのだった。

……な～んてキレイに終わるワケがない。

事件はさらに翌朝、東京に帰るためにホテルをチェックアウトする瞬間に起こったのだ！

「じゅじゅじゅじゅ……10むぁんいぇ～ん!?」

――部屋代以外、使ったモノは自己清算になってはいたんだけど、

「じゅ、10万円って、いくらですか!?」

――意味不明なコトを口走るほど、支払いに驚愕する大野クン。

「10万円をいくらと言われましても、10万円は10万円でして……」

――ホテルのスタッフさんも困ってます（苦笑）。

「どうしたの？」

――と、そこへやって来たのが松本クン。

「ま、松潤、聞いてよ！」

――きっと何かの間違いで、それを証明してくれるハズの松本クンの登場で、ホッとするハズだった大野クンだけど、返ってきたのは……

「へぇー、意外と安かったんだね！」

「はぁ～～っ!?」

「だって〝ジャンパンだワインだ〟って3～4本開けて、その値段でしょ？
普通に街で飲むより安いじゃん！」

――正確に言うと、10万円ではなく〝10万円台〟の値段だったんだけどね（苦笑）。

「男だろ？　リーダーなんだし、黙って払いなよ！」

「リ、リーダーと言われれば、リーダーですけど……」

ちなみに、この事件の前に大野クン本人が――

「今回のツアーは、リーダー命令で毎回部屋飲みするから！」

――って言ってたの、どうしましょ？

……でもまあ、いいじゃないの、10周年だもの！

メンバー5人でお祝いするんだから、これぐらい派手にお祝いしたってさ！

〝ジャニーズイチ仲が良いユニット〟にライバル出現!!

～〝嵐デビュー10周年〟エピソード～

「最近、関ジャニ∞が脅威なんだよね……」

――やけに真剣な顔で、スタッフさんに言う大野クン。

なるほど、CDデビューこそ10周年の嵐には及ばない関ジャニ∞だけど、実は主要メンバーのキャリアの点でいえば嵐と変わらないし、バラエティ番組志向という点では完全に被るからね。

大野クンが意識する後輩グループは、関ジャニ∞なのは間違いない。

「確かに関ジャニ∞は、アドリブが利くからフリートークもイケるしな!

でも関ジャニ∞の芝居はまだまだな感じだし、歌もコミックソング路線から脱却できていない!

総合的に見れば、関ジャニ∞も今すぐの脅威じゃないよ!」

――決して大野クンの気持ちを静めたりゴマをするためではなく、大野クンの話を聴いて自分の冷静な分析を話すスタッフさん。

ところが……この言葉に、怪訝な表情でビミョ～な反応をする大野クン。

「芝居？　コミックソング？

いったい、なんのコト⁉」

「い、いや、だから関ジャニ∞が脅威だって言うから……」

すると大野クンから想像もしていなかった発言が……。

「そりゃあ脅威だよ！　だってアイツら、最近仲がイイらしいんだもん！」

大野クンが言っている脅威とは……

「これまでジャニーズのユニットの中で、

一番メンバー同士の仲が良いユニットといえば〝嵐〟だったのに、

アイツらがその座を狙っているのは脅威でしょ！」

――え～っと、大野クン？

あえて言わせてもらうけど……なんじゃそりゃ（爆）‼

「ふ〜ん……最近、アイツらはそんな感じなんだ?」

「そ、そうですね……」

——嵐と関ジャニ∞、両ユニットの最新コンサートでバックについた某Jr.メンバーが、大野クンにまるで尋問のような質問を受けている場面に話は飛ぶ。

「智クン、あんまイジメちゃダメだよ!」

——近くで大野クンとJr.の様子を見ていた櫻井クンが、チャチャを入れるように笑う。

実はコレ、嵐コンサートの打ち上げで、焼肉屋さんを貸し切りにして盛り上がっているときのワンシーンなんだけど、大野クンは某Jr.に対し、「関ジャニ∞のメンバーはホントに仲が良いのか」に始まり、「具体的には誰と誰の仲が良いのか」、「どの程度の割合でメンバー同士で遊ぶのか」「仲が良い証拠のエピソードはあるのか」……などなど、まさに脅威を感じる敵を徹底分析するかのように探りを入れていたのだ。

「リーダー、困ってるじゃん!」

——いかにもしゃべり難そうな某Jr.を見かねて、今度は松本クンが声をかける。

「いい加減に解放してやんなよ！」

「あっち行ってウマい肉でも食えば？」

——相葉クンと二宮クンも首をツッコミ、そのテーブルには、嵐5人が集まる状況になった。

「なんだかんだいって、俺たちって最後は5人になるよね！」

——大野クンがうれしそうに言う。

「だね！」

「仕方ないよ、腐れ縁だもん！」

——それぞれが顔を見合わせて苦笑いをするシーンを見ると、関ジャニ∞はもちろん、他のユニットを気にするなんてバカバカしいし、嵐の絆を誰かと比べる無意味さもよくわかる。

当たり前だけど……

「嵐は嵐！」

——なんだからね！

「さっ、俺たちもまだまだ食おうぜ!」

――櫻井クンの号令でテーブルに座り直し、

「特選カルビ、5人前!」

「ロースにしようよ!」

――と、和やかな空気が戻った5人。

しかし、それがあまりにもはかなく、束の間の安らぎになろうとは……次の瞬間まで思いもしなかった。

「結構汚れてきてない? すいません! 網換えてください!」

――と、店員さんに、炭火焼き無煙ロースターの上に乗る網の交換をお願いした相葉クン。

ところが……

「ちょっと待った! 今換えちゃダメじゃん!」

――と、スクッと立ち上がった大野クンが、相葉クンを静止したのだ。

「次に焼くの、カルビかロースだろ? 網を換えたら温度が下がるし!」

新しい網に換えた直後はまだ網に熱が伝わっていないから、上手く焼けなかったり、低温の網に肉を乗せるとくっついてボロボロになってしまう。

「タン塩と塩ハラミしか焼いてないんだから、まだしばらく焼けんじゃん!」

「もう汚いって!」

――さっきまでの〝さすが嵐〟の空気は一変し、明らかに険悪な空気に……。

「翔チャンはどっちよ!?」

「か、換える……かな……」

「ニノは!?」

「ま、まだ大丈夫……だね……」

――こんなとき、多数決で決着がつく奇数メンバーのユニットは助かる。

「松潤は!?」

――2対2が3対2になる最後の1人、松本クンに大野クンと相葉クンが迫った!

「あ、あのさ……」

――固唾を飲むメンバーたち。

「あっち、見てみ?」

――なぜか松本クンは他のテーブルを指差し、メンバーの注目を向ける。

「こんな嵐、アイツに見せていいんだ?」

──そこにはさっき、さんざん大野クンに尋問されたJr.クンが……。

「……あ、相葉チャン！　どっちでもいいよね！」

「どっちでもいいね！」

──そうそう、それでこそ『嵐』です。

だって『嵐』は、大野クンが自信を持って胸を張る──

『ジャニーズイチ仲が良いユニット』

──なんだから。

エピローグ

いかがでしたか?

1999年から2009年まで――デビューから10周年までの嵐。

「ああ、そんなコトあったよね」

「そういえば、あのときの5人は……」

当時のエピソードから〝あの頃の5人〟の懐かしい姿が、思い出の中から蘇ってきたのではないでしょうか。


この本にもある〝嵐10周年〟から、今年ですでに10年以上。

昨年には〝20周年〟を迎え、トップアイドルとして揺るぎない地位を確立した嵐。

残すところ約1年となった活動休止までの期間を、あとは全力で突っ走るのみ。

〝5人の嵐〟としては、しばらく会えなくなる寂しさをファンの皆サンが乗り越えるためにも、きっと彼ら5人は最後の最後までステキな思い出を残してくれることでしょう。

そして、その日が来ても……

嵐はいつまでも『嵐』——

彼らの笑顔は、いつでも皆サンの心の中にあるのですから。

この本に収録されている〝あの頃の嵐〟のように、彼ら5人はいつだって皆サンとともに歩み、皆サンの思い出の中で光り輝いているのですから。

彼らの存在を胸の奥で感じながら、我々も前を向いて歩いていきましょう。

再び〝『嵐』の5人〟に会える日を信じて——。

〔編者〕
スタッフ嵐（スタッフあらし）

元民放テレビ局ディレクターをはじめとする、元番組制作スタッフ数名で構成されるフリージャーナリスト集団。嵐とはかつて仕事上で交流を持つとともに、周辺スタッフとも関係を構築。彼らの持つネットワークを通して、嵐と交流のある現場スタッフを中心に取材を敢行し、嵐自身が語った言葉と周辺スタッフから見た５人の素顔を紹介したエピソードBOOKを多数上梓している。

嵐 ARASHI Chronicle 1999→2009

2020年2月22日　第１刷発行

編　者…………… スタッフ嵐
発行者…………… 籠宮啓輔
発行所…………… 太陽出版
東京都文京区本郷4－1－14　〒113-0033
電話03-3814-0471／FAX03-3814-2366
http://www.taiyoshuppan.net/
デザイン・装丁… 宮島和幸（ケイエム・ファクトリー）
印刷・製本……… 株式会社シナノパブリッシングプレス

ISBN978-4-88469-991-8

ARASHI Chronicle 1999-2009

◆既刊紹介◆

ARASHI　嵐×5
〜5人で嵐、5人は嵐〜

中村結美子［著］　¥1,300円+税

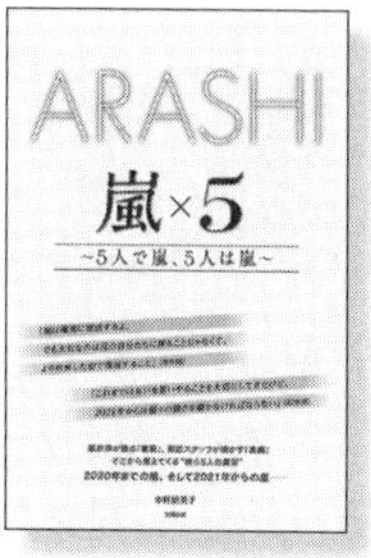

『嵐は確実に復活するよ。
でも大切なのは元の自分たちに戻ることじゃなくて、
より成長した姿で復活すること』〈櫻井翔〉

『これまでは互いを思いやることを大切にしてきたけど、
2021年からは個々の強さを磨かなければならない』
〈松本潤〉

嵐自身が語る「言葉」、側近スタッフが明かす「素顔」
そこから見えてくる“彼ら5人の真実”
2020年までの嵐、そして2021年からの嵐――

【主な収録エピソード】
- 大野智が実現したい“5人の約束”
- 櫻井翔が語る“嵐の正義”
- 相葉雅紀に芽生えた“マナブ”意欲
- “役者・二宮和也”が超えなければならないライバル
- 松本潤が描く“未来の嵐”

嵐　5×永遠
〜5人の絆〜

松岡 匠［著］　¥1,300円+税

『まずは2020年12月31日までに
“目の前の夢”は叶えておく。
そしてリーダーが戻ってくるまでの間、
次の夢の準備を始めるつもり。
もちろん、嵐の5人で叶える夢をだよ』〈松本潤〉

彼ら5人の固い絆と揺るぎない結束
嵐自身の言葉と、側近スタッフの証言で綴る“真実の嵐”
彼ら5人の本当の想いとは――

◆既刊紹介◆

嵐 ～5人の今、そして未来～

矢吹たかを［著］ ¥1,400円+税

『僕らで出した答え――

「後悔しないように、真っ直ぐ前に進んで行こう」

応援してくれるみんなのために。

メンバー一人一人が愛している嵐のために』

〈相葉雅紀〉

2020年12月31日――
“活動休止”に向けてカウントダウンに入った「嵐」
彼らの“今”、そして“未来”を、
嵐メンバー自身の言葉と、
側近スタッフだけが知るエピソードで綴る！
５人の絆、後輩に託す希望、活動休止までの使命、
2021年からの５人の動向――
“嵐の真実”を完全収録!!

【主な収録エピソード】

・大野智とジャニーさんを繋ぐ“唯一無二”の絆
・櫻井翔を“見つけてくれた”恩人
・嵐に選ばれた最後のメンバー“相葉雅紀伝説”の真相
・二宮和也がオーディションに合格した“本当の理由”
・松本潤が受け継いだ“ジャニー喜多川イズム”

太陽出版
〒113-0033
東京都文京区本郷 4-1-14
TEL 03-3814-0471
FAX 03-3814-2366
http://www.taiyoshuppan.net/

◎お申し込みは……
お近くの書店にお申し込み下さい。

直送をご希望の場合は、直接小社宛にお申し込み下さい。

ＦＡＸまたはホームページでもお受けします。